建築計画・設計に潜む マサカ マタカ の設備トラブル

山本廣資 ── 著
Yamamoto Hiroshi

イラスト・瀬谷昌男

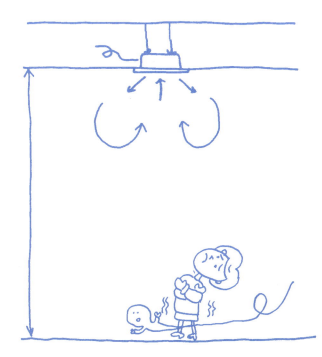

日刊工業新聞社

はじめに

　モニュメント的なものは別として、すべての建築物は使用するために作られると考えてよい。建築物が計画・設計・製作されるにあたっては、顧客要求事項、法的要求事項および社会的要求事項が満足されなければならないが、出来あがってからの評価は、建築に関係するいろいろな立場によって若干の違いがある。

　事業者側の評価は、話題性、デザイン性、実用性であるが、有効率の大きさ、建設費・維持管理費の低廉さも重要である。使用者側の評価としては、安全性、使いやすさ、保守管理・メンテナンスの容易さが評価の基準であろうが、不具合・トラブル・クレームの少ないことは当然の前提条件でもある。最近のキーワードは、「省エネルギー」と「地球環境への配慮」である。

　建築設備のトラブルは多種多様であり、これに関する書籍はたくさん出版されている。しかし一品生産・現場生産という建築設備の製作上の特性から、依然として設備トラブルの発生はなくなっていない。この原因の1つは、建築設備が計画されてから設計・施工され使われるにいたるまでに、各段階ごとに多種多様な技術者（建築意匠設計者を含む）が存在し、（トラブル）情報の断絶が起きやすいことである。また、設備トラブルが各設備独自の**エンジニアリングトラブル**と、建築計画・設計が原因・要因である**建築計画が原因となるトラブル**に分かれていることも、もう1つの要因である。

　空調・衛生・電気各設備専門分野それぞれの技術体系下にあるエンジニアリングトラブルに関しては、施工会社で再発防止の努力を行っており、そのトラブル情報は社内で水平展開されている。もちろん設備設計各社もトラブル経験の反省は計画・設計に反映させるよう努力をしている。また空気調和衛生工学会や建築設備技術者協会でも会報・機関誌にトラブル情報コーナーを設けている。

はじめに

　建築計画が原因の設備トラブルに関しては、第4章「建築生産における品質管理」で述べるような理由により、品質管理上の重要な手法であるPDCAサイクルが回らず、建築計画に起因する設備トラブル情報が建築計画・設計に反映されないことが多い。またトラブル発生・再発防止に関して各設備エンジニアの権限が及ばない分野が存在するため再発防止が難しい。これが建築計画原因の設備トラブルがなくならない最大の要因である。

　建築と設備はトレードオフ（二律背反・あちらを立てればこちらが立たず）の関係にあるので、設備トラブル防止のためには、建築計画・設計に潜む設備トラブルの要因について建築意匠設計者に理解していただくことが必要である。設備トラブル防止に配慮して計画することは、結果として建築計画における設備計画の組み込みが適切なものとなり、建築設計業務効率の向上、最終的には建物の品質向上につながるのである。また設備計画・設計に携わる者にとっても、建築設計者に設備計画・設計上の理解を求めるのに本書は役立つものと考えている。

　本書によって、建築・設備の計画・設計に従事する建築設計者、設備設計者が、設備トラブルの要因について理解していただき、建物の品質向上となることを願っている。

　なお、トラブル事例については、拙著や巻末にあげた参考文献より参考になるものを取り上げた他、筆者の友人・知人・メーカの技術者の方々からも貴重な情報を提供いただき、お礼申し上げます。

　また、挿画に関しては、すでに設備関係技術書で挿画の実績のある瀬谷昌男氏にお願いした。設備技術者でありイラストレータでもある瀬谷氏には、著者の意を汲んでトラブル状況を的確に表現していただいた。表紙に名前をあげてお礼を申し述べます。

　最後に、本書執筆の機会を与えていただいた日刊工業新聞社の奥村功出版局長、編集に当たってお世話になったエム編集事務所の飯嶋光雄氏にお礼申し上げます。

　2015年8月　　　　　　　　　　　　　　　　　　　　　山本廣資

目次

はじめに 1

第1章　建築設備トラブルの現象と種類
- ❶-❶ 建築設備の3大クレーム 10
- ❶-❷ 建築／設備トラブル・クレームの種類 11
- ❶-❸ エンジニアリングトラブルと
  建築計画関連設備トラブル 13
- ❶-❹ 建築関連設備トラブルと
  エンジニアリングトラブルの諸事例 18
- ❶-❺ 『マサカ』のトラブルと『マタカ』のトラブル 23

第2章　建築各部位および設備スペースに潜む設備トラブルの要因

第3章　建築計画・設計の流れと設備トラブル
- ❸-❶ 建築計画と設備計画の関連 32
- ❸-❷ 建築計画への意思決定と設計着手 33
- ❸-❸ 着手前業務の重要性 34
- ❸-❹ なかなか決まらぬ基本計画 36
- ❸-❺ 図面変更のインターバル (季刊・月刊・週刊・日刊・夕刊・号外) ... 37
- ❸-❻ 整合性を阻害する設計工程管理 39
- ❸-❼ 積算・VE・工事契約から施工段階 40

第4章　建築生産における品質管理
- ❹-❶ 品質管理について 42
- ❹-❷ 品質管理とPDCAサイクル 42
- ❹-❸ 建築生産における情報断絶① 46
- ❹-❹ 建築生産における情報断絶② 50
- ❹-❺ そのほかの情報断絶要因 52
- ❹-❻ 技術の狭間はどこに生じるか 56

第5章 建築計画・設計に伴う設備トラブル事例

❶ 音のトラブル（建物内部および周辺への影響） ……… 60
- ❶-❶ 建物入居者・使用者に影響のある騒音 ……… 61
- ❶-❷ 騒音に配慮した建築計画 ……… 62
- ❶-❸ 音に関する建築計画・設計トラブルと
  エンジニアリングトラブルとの区分 ……… 63
- ❶-❹ 騒音基準値への考察 ……… 64
- ❶-❺ 騒音トラブルに関する常識 ……… 65
- ❶-❻ 騒音トラブルの事例と対策 ……… 65
  1. シャンデリアのきしみ音 ……… 66
  2. 設備機械室の真上階・真下階に居室を
     配置したための音のトラブル ……… 69
  3. 天井内に排気ファンを設置して騒音トラブル ……… 69
  4. 機械室壁の遮音性能が低かったための騒音トラブル ……… 70
  5. ホテル客室で配管シャフトからの騒音トラブル ……… 71
  6. 隣に空調機室のある店舗売り場の吸込みガラリ騒音トラブル ……… 72
  7. 排気ガラリからの騒音 ……… 74
  8. ガラリルーバの形状変更による騒音トラブル ……… 75
  9. ガラリの向きは近隣に注意 ……… 76
  10. 無梁版構造のスラブにエアコンを吊って床振動発生 ……… 77
  11. 屋上設置冷却塔騒音に近隣住民クレーム ……… 78
- ❶-❼ マンションの騒音トラブル事例と対策 ……… 78

❷ 雨水のトラブル（浸水と排水管からの逆流） ……… 83
- ❷-❶ 雨水トラブルに関する諸規定 ……… 84
- ❷-❷ 雨排水設備計画上の問題点
  ―雨水の排出から浸水・逆流防止へ ……… 87
- ❷-❸ 雨水トラブルの事例と対策 ……… 90
  1. 集中豪雨時の諸事例 ……… 90
  2. 雨排水に関する『マサカ』『アワヤ』事例（設計監修物件） ……… 93
- ❷-❹ 集中豪雨対応事例と非対応事例 ……… 94
  3. 出水地域に建設されたマンションの豪雨対応事例 ……… 94
  4. 半地下のマンショントラブル ……… 95
  5. 周辺地盤面より低いマンション1階ベランダに

　　　　雨水が逆流、住戸内に浸水 …………………………………… 97
　❷-❺通常降雨時の雨水トラブル …………………………………… 98
　　⑥ オーバーフロー対策がないためマンション居室に浸水 ……… 98
　　⑦ マンション中庭にフロアドレンを使って地下ピットに浸水 … 99
　　⑧ 高台からの雨水の浸水で駐車場水没 ………………………… 100
　❷-❻集中豪雨時の道路冠水対策 …………………………………… 101
　❷-❼雨排水管竪桶の１階での吹出し ……………………………… 103

❸ 室内環境トラブル（暑い寒いのトラブル） ……………………106
　❸-❶建築計画の流れと室内環境トラブル ………………………… 106
　❸-❷空調設備に関する常識 ………………………………………… 108
　❸-❸室内環境トラブル事例と対策 ………………………………… 111
　　① 吹出し口が窓面から離れていたためクレームに …………… 111
　　② カセット型エアコン配置をモジュール配置してクレーム … 112
　　③ 内部ゾーンと外部ゾーンの室内機を同じ室外機に
　　　 まとめたため暑い寒いのトラブルが発生 …………………… 114
　　④ 用途の違う部屋を同じ系統にまとめたため
　　　 冷暖房トラブルが発生 ………………………………………… 115
　　⑤ 間仕切りをしたため冷房が効かなくなった ………………… 116
　　⑥ 天井から吊られた表示物によって風が届かない …………… 117
　　⑦ 複雑な形状の天井にカセット型を設置、ドラフトを感じて寒い … 118
　　⑧ 高い天井にカセット型室内機を設置、足元が寒くなった … 119
　　⑨ サーモスタット位置はデザインで決めてはいけない ……… 120
　　⑩ ダクトをつぶすと空調トラブルになる ……………………… 122
　　⑪ 小劇場で動力盤や操作盤類を天井裏に設置しトラブルに … 123
　　⑫ 日射で冷房が効かない（温室を作らない） ………………… 124
　　⑬ 報・連・相不足のトラブル …………………………………… 125
　　⑭ 床下断熱をケチったため足元が寒くなった ………………… 126
　　⑮ 多数の入場者のため冷房が効かなくなった床吹出し方式 … 128
　　⑯ 床吹出し方式でもペリメータは別系統に …………………… 129

❹ 換気のトラブル ………………………………………………………131
　❹-❶換気トラブルとは ……………………………………………… 131
　❹-❷一般ビルの換気トラブル ……………………………………… 132
　　① 冷温水発生器排気ガスの混入 ………………………………… 134

        ② 梁巻きダクトに油が溜まって排気不良 ･････････････････････････135
        ③ 外気調和器や共有外気ダクトがある場合の
          各階給気のアンバランス ････････････････････････････････136
        ④ 隣接ビル排気の、外気取入れ口への回り込み ･････････････････137
        ⑤ 厨房給気を止められ風切り音が発生 ･････････････････････････138
  ❹-❸集合住宅・住宅の換気トラブル ･･････････････････････････････139
        ⑥ レンジフードを運転すると厨房流しから空気が逆流 ･･･････････151
        ⑦ レンジフードを運転すると風切り音が発生 ･･･････････････････152
        ⑧ 便所排気口からの逆流 ･････････････････････････････････････152
        ⑨ 24時間換気を行って中枢神経機能障害になった ･･････････････154
        ⑩ 給気口の面積不足で洗濯パンから臭気が逆流 ･････････････････155
        ⑪ 二重管式ダクトの排気逆流 ･････････････････････････････････155
        ⑫ リニューアルを行ったらコンセントから隙間風 ･･･････････････156
        ⑬ 換気不足で初夏まで結露となった建築基準法不適合 ･･･････････157

5 臭気のトラブル ･･162
  ❺-❶換気設備系臭気トラブル ････････････････････････････････････162
  ❺-❷排水設備系臭気トラブル ････････････････････････････････････166
        ① 洗濯パントラップからの臭気の逆流 ･････････････････････････167
        ② トラップがないため排気口から臭気が上がる ･････････････････168
        ③ 3階建て住宅の排水ゴボゴボ音と臭気トラブル ･･･････････････168
        ④ バルコニーの異臭 ･･･170

6 結露のトラブル ･･･171
  ❻-❶水蒸気と結露の常識 ･･･････････････････････････････････････171
        ① 外壁でなくても結露は起こる ･･･････････････････････････････172
        ② 吹出し口の結露 ･･･173
        ③ 鉄骨造＋ALC版構造の冷凍・冷蔵庫で天井内に結露 ･･････････174
        ④ 結露しやすい地下住宅・半地下住宅 ･････････････････････････175
  ❻-❷建築設計者に知ってほしい設備関連結露のトラブル ･･････････176

7 風のトラブル ･･･178
        ① ホテルロビーは足元が寒い ･････････････････････････････････179
        ② 侵入外気はエスカレータを下る ･････････････････････････････180

3 受付嬢の足元が寒い ……………………………………… 181
　　　4 風の通り抜け通路ができてしまった ……………………… 182
　　　5 足元が寒い地下の飲食店…………………………………… 183

8 給排水設備のトラブル ……………………………………………… 184
8-1 給排水設備の機能不全 ……………………………………… 184
8-2 給排水設備の常識 …………………………………………… 185
　　　1 最上階の水の出が悪い …………………………………… 186
　　　2 鳥居配管で水栓から空気が噴出 ………………………… 187
　　　3 排水勾配の不足で洗濯機洗剤の泡が逆流 ……………… 188
　　　4 オフセット配管で通気不良発生 ………………………… 190
　　　5 通気弁の故障で排水・臭気・騒音トラブル …………… 191
　　　6 配管類の埋設配管が起こす各種トラブル ……………… 192
8-3 その他の建築設備関連給排水トラブル …………………… 192
8-4 給排水設備のエンジニアリングトラブル ………………… 194

9 二次災害の防止 ……………………………………………………… 196
9-1 二次災害防止対象室・スペース …………………………… 197
9-2 二次災害対応策 ……………………………………………… 198
　　　1 電気室上部の喫茶室厨房の水洗いにより
　　　　電気室に漏水、全館停電に ……………………………… 198
　　　2 スプリンクラ撥水事例 …………………………………… 200
9-3 高置水槽事故対応 …………………………………………… 202
　　　3 塔屋設置の高置水槽がオーバーフローし、
　　　　下階の機械室に浸水 ……………………………………… 202
　　　4 高置水槽がオーバーフローし、
　　　　下階のエレベータシャフトに流入 ……………………… 203
　　　5 寒冷地のボウリング場で高置水槽がオーバーフローし、
　　　　張り込み中の板を濡らした ……………………………… 204
　　　6 高さ100mの展望室で漏水によりエレベータ停止 …… 205

10 隠すことからトラブルが始まる
　　　（室外機の省エネ的配置ほか） ……………………………… 210
10-1 室外機の目隠しについて …………………………………… 211

7

⑩-❷ エアコン室外機の適切な配置計画とトラブル事例 ……… 215
 ① 外壁に設けた不適切な室外機置場で
   高圧カット頻発 ……………………………………………… 216
 ② 目隠しガラリの羽根の向きにより、
   室外機排気がショートサーキットした ………………… 217
 ③ 狭いスペースにたくさんの室外機を設置、
   不適切なガラリ配置で高圧カット頻発 ………………… 218
 ④ 屋上設置のビルマルチエアコン室外機が冷房停止 ……… 220
 ⑤ ベランダに多数の室外機を設置して高圧カット頻発 …… 223
 ⑥ 三方壁に囲まれた狭いベランダに２台の室外機が設置され
   高圧カットで冷房停止 …………………………………… 224
 ⑦ ベランダ設置の室外機の排気が手すり壁に当たり
   高圧カット ………………………………………………… 225
 ⑧ バルコニー手すり脇のコーナーに設置して能力不足 …… 226
⑩-❸ 調査・計測事例 ………………………………………………… 230
⑩-❹ シミュレーション事例 ………………………………………… 233
⑩-❺ 大型ビルのエアコン室外機の配置について ……………… 237
⑩-❻ 冷却などの隠蔽 ………………………………………………… 238

◆コラム

 ・施工者のみが表彰された新築物件 ……………………………… 19
 ・コンサートホールで気が付いたこと …………………………… 45
 ・工場設備ではなぜトラブルが少ないのか ……………………… 46
 ・女子トイレの数量不足と行列 …………………………………… 68
 ・設備のグレードと経済的トラブル ……………………………… 82
 ・コンサートホールワインコーナーの混雑 ……………………… 89
 ・滞在空間と移動空間 ……………………………………………… 121
 ・お盆の季節に（設計の）幽霊が出る …………………………… 130
 ・外国製の水栓器具は水圧に注意 ………………………………… 177
 ・同じ住居に操作の違う水栓が混在 ……………………………… 205

  出典および参考文献 ……………………………………………… 239

第1章

建築設備トラブルの現象と種類

　建築設備はそれぞれの技術分野は異なっているが、トラブル現象については各設備分野ごとのトラブルだけでなく、漏水、音や振動など共通のものもある。トラブルの把握のためには、トラブルの現象面からアプローチするのが良いが、原因究明のためにはエンジニアリングトラブルと建築計画関連トラブルがあることを認識しておく必要がある。なお本書でいうトラブルとは、事故、不具合、クレームその他設計者・施工者の認識とユーザ側の認識との乖離により発生する事象を包括したものと考えていただきたい。

1-1 建築設備の3大クレーム

　建築設備はそれぞれの技術分野は異なっているが、トラブル現象については各設備分野ごとのトラブルだけでなく、漏水、音や振動など共通のものもある。トラブルの把握のためには、トラブルの現象面からアプローチするのがよいが、原因究明のためにはエンジニアリングトラブルと建築計画関連トラブルがあることを認識しておく必要がある。

　本書でいうトラブルとは、事故、不具合、クレームその他設計者・施工者の認識とユーザ側の認識との乖離により発生する事象を包括したものと考えていただきたい。

　設備のトラブル・クレームで多いのは、
　①温湿度不良（暑い・寒いのトラブル）
　②漏水（水のトラブル）
　③騒音・振動

図1-1　建築設備の3大クレーム

で「3大トラブル」といわれている。これに結露がつづく。

　建築設計者の中には、どちらかというとこれらを設備独自のトラブル（エンジニアリングトラブル）であると認識し、これらトラブルの解決と再発防止は設備屋（設計・施工を問わず設備技術者の総称）の仕事と考えている方が多い。しかし、設備は建物に付随しているので、いずれのトラブルも後述のように建築計画・設計にかかわりが深い。①では建築空間の形状・構造・仕上げなどと、設備計画・システム、吹出し・吸込み口の配置の関係が温湿度トラブルにかかわるし、③では設備機器の配置計画や、ダクト・配管類のルート計画の良し悪しが、トラブル発生に大きくかかわっている。このうち比較的に設備だけのトラブルと考えられているのが②であるが、梁下配管スペースが小さくて排水勾配が十分とれないで漏水事故となる場合は、建築計画関連トラブルである。

①-② 建築／設備トラブル・クレームの種類

　建築設備トラブルは多種多様であるが本書では以下のように分けた。

①本来機能に関するトラブル（各設備に要求される本来機能が充足されないトラブル、システムトラブルに当たる）
a. 空調設備
・温湿度不良：暑い、寒い、温度分布不良（平面、断面）、コールドドラフト、輻射熱、乾燥、静電気発生。 　　　　　：冬季のドラフト、足元の冷え込み。 　　　　　：冬期・中間期の湿度は、建築物における衛生的環境の確保に関する法律（ビル衛生管理法またはビル管法）中不適合ビル最多 ・換気不良：室内環境基準未達、臭気の滞留、CO_2濃度の上昇、人身事故、ドアが重い、隙間風の侵入、燃焼不良、結露の発生。
b. 給排水設備
・給水設備：水圧・水量不足、空気の混入、水槽類警報の頻発。 ・給湯設備：湯圧・湯量不足、湯温変動、低い湯温、長い湯待ち時間。 ・排水通気設備：排水不良、逆流、器具のゴボゴボ音、器具からの吹出し、臭気。 ・雨排水設備：ゲリラ豪雨時の浸水、溢水、逆流、機械室や居室の水没。

▼

c. 電気設備

- 電気設備は内線規程などで基準が決められているので、基本性能に関するトラブルは少ない。また、建築計画・設計が原因の電気設備トラブルもあまり聞かない。
- 設計条件、使用条件との乖離によりブレーカが落ちるトラブルはある。
- 高調波による弱電、情報関係の誤作動の多発。
- 建築施工に関することであるが、最近では、鉄筋・鉄骨の磁化に伴う弱電設備（電話、火災報知、情報）トラブルが多くなっている（鉄筋の磁石による吊り上げやスタット溶接時の大容量電流により、ケーブル電線近くの鉄骨柱・梁が磁性を帯びる）。

②本来機能に付随するトラブル現象（各設備共通）
- 結露、漏水・溢水、空気・蒸気・燃料の漏洩、騒音・振動・脈動、臭気、つまり、偏流、蓄熱槽落水。

③装置・部品・部材に関するトラブル（各設備共通）
- 能力不足、容量不足。
- 機能不全、作動不良（誤作動・不作動）、故障、汚損・破損・焼損、腐食、能力低下。

④取扱いに関するトラブル（各設備共通）
- 誤操作（スイッチ類、バルブ、ダンパ、ブレーカなど）、設定ミス、冷房／暖房時の動作切り替えミス、メンテナンス・改修時の復元忘れ。
- メンテ不良による、機器の能力低下・劣化。

⑤自然現象によるトラブル（建築・各設備共通）
- 雨：周辺河川からの洪水、集中豪雨時の雨水の浸水、ガラリ・扉など建築開口部からの吹込み・浸水。
- 風：地域特有の風やビル風、風の通り抜け、風による騒音発生（突起物、隙間風）。
- 音：計画地の音環境。
- 光・日射：反射ガラス、太陽光パネルや屋根面光の隣家への影響。
- 熱：熱輻射・冷輻射。
- 氷・雪：凍結、歩行困難、建物への浸水。
- 空気：周辺施設からの排気ガス、隣接ビルからの排気流入、隣接ビルへの排気吹出し、幹線道路側の空気質。

⑥経年変化に伴うトラブル（メンテナンス不良も含む）
- 機器類の能力・機能低下、故障の頻発⇒冷暖房不良、換気不良。
- 部品・部材の劣化、腐食。

⑦他の設備や建築への影響（二次災害など）
- 火災時の水害。
- 蒸気漏れに伴う、スプリンクラの誤撥水。
- ガス漏れに伴う人身事故、爆発。
- ドレン・結露水の浸透⇒煙・熱感知器の誤発報。
- 間仕切り変更への障害。
- メンテナンス障害。

▼
> **⑧近隣・近接建物への影響**
> ・ガラリからの騒音・臭気。
> ・居室、作業室などからの騒音。
> ・駐車場入り口ランプの光、騒音。
>
> **⑧想定外のトラブル（『マサカ』のトラブル）**
> ・大便器への泡の逆流。
> ・レンジフード運転時にトラップから空気の逆流。
> ・除湿機に孔が開いたリゾートマンション。
> ・24時間レンジフード換気運転で、中枢神経機能障害になった。
> ・降雨時に半地下住戸に排水噴出。
> ・ガス湯沸かし器の燃焼不良。
> ・温泉施設でのガス爆発。

1-3 エンジニアリングトラブルと建築計画関連設備トラブル

　建築設備トラブルは上記のように多種多様であるが、しかし別の視点で大きく分けると、(A)「各設備独自のエンジニアリングトラブル」と、(B) 建築計画・設計に影響される「建築計画が原因となるトラブル」に分けることができる。本書では (A) を**エンジニアリングトラブル**、(B) を**建築計画関連（設備）トラブル**と名づける。

　上記設備トラブルは、一見してすべて設備が原因であるように見えるが、このように分けたのは建築と設備は二律背反（相互背反・トレーディングオフ）の関係にあるからである。建築と設備は「あちらを立てればこちらが立たず」の関係なので、設備トラブルといっても建築計画・設計が原因であるトラブルも多くある。

　エンジニアリングトラブルに関しては、既存のトラブル本も多く、施工関係会社で再発防止の努力を行っている。しかし (B) に関してはそもそも建築設計者が、自分たちが原因者になっていることに気づいていない場合が多い。建築計画・設計が原因のトラブル情報を知らなくては、品質管理に関する「PDCAサイクル（42頁参照）」が回らない。設備トラブル防止を建築生産における品質管理の側面から述べる場合には、設

備設計・施工サイドからだけではなく、計画の上流側に起因する建築関連設備トラブルに関して言及する必要がある。なお、建築計画段階だけでなく、実際には実施設計や施工段階でデザイン的、その他の要求により設備トラブルが発生する事例も多いので、本稿ではこれらを建築計画も含めまとめて「建築計画関連設備トラブル」と呼ぶこととする。

(1) 設備トラブルに対する一般的対応

一般的には設備トラブルというと、エンジニアリング面からの対応が求められることが多い。施工不良によるトラブルやシステム構築上の不具合など、純粋に設備設計・施工に起因するものは、金額の多寡は別として手直しは比較的容易である。しかし建築計画が原因のトラブルは、設備関連のスペース配置や平面計画、階高など手をつけられないところが原因の場合が多く、小手先の処置ではこれに対応できないことが多い。しかも通常は、ゼネコン・サブコンによるエンジニアリング対応で何とか解決されるが、抜本的解決が必要な場合にはコストがかかるため、事業者側が解決をあきらめることがあり、情報が設備設計者はもちろん建築設計者まで届かないこともあって、その後の計画・設計で根本的な原因には手をつけられていないことが多い。

これは品質管理に関するいわゆるPCDAサイクルが回っていないことを意味している。これらトラブル情報が建築設計者に伝達されず建築計画上の常識となっていないと、あちこちで同様なトラブルとなる。これらは「マサカ」ではなく「マタカ」のトラブルである。ビル管理者にとって、「何でこんなことしてあるの？」と疑問をもたれるような建築設計や設備設計が多いのはこのためである。

よくあることであるが、一度形や内容が決まったものを変更するのは非常に難しい。したがって計画途中で設備技術者が改良・改善を求めても通らないことがよくある。トラブル・クレームの「マタカ」がなかなか減らない理由の1つである。

後述するように、建築計画・設計業務は内容が決定するまでには、検

討・変更が非常に多い業務である。したがって、手元に構造技術者・設備技術者のいない、意匠専門事務所の物件ではトラブルが発生しやすいといえるが、設備設計者、構造設計者のいる総合事務所でも、報・連・相不足によるトラブル発生はないわけではない。

(2) エンジニアリングトラブルと建築計画関連設備トラブル

建築設備は各設備の機能を充足させることを目的とするエンジニアリングであるから、この分野のトラブルが発生した場合は、原因の追究から是正・再発防止にいたるまでエンジニアリング的に解決されることが一般的である。

しかし、設備トラブルの中には、振動・騒音や排気のショートサーキットのように、エンジニアリング的技術だけでは解決できない、または解決のためには非常な手間やコストがかかるものが多数ある。また、デザイン的に無理を要求されて設備の不具合が発生した場合も同様である。建築のリニューアルにより「マサカ」の設備トラブルが発生することもある。

これらの建築関連設備トラブルは、通常はっきりと認識されることが少なく、またその情報も設備トラブルということもあって、なかなか意匠設計者まで伝わらない。建築計画に起因する設備トラブルを建築設計者に認識してもらうことは、後から手直しができないような大きなトラブルの防止に有効である。またデザイン的なわがままや自己満足が、建物利用者や、設備関連業者に迷惑をかけることがあるということも認識してもらいたいことである。

①エンジニアリングトラブル

機能不全や機能障害など、各専門分野で要求される本来機能の不具合は、もちろんエンジニアリングトラブルである。また、各設備に付随して発生するトラブル（漏水、騒音など）も基本的にはエンジニアリングトラブルであるが、建築計画が原因のトラブルもある。

これらのトラブルは各設備共通に、システムトラブル、機器トラブル、

資材部材トラブル、器具トラブルのように分けられる。これらのトラブルの原因がどこにあるかを把握することが、解決の糸口である。

②建築計画関連設備トラブル

建築設備は建築に組み込まれているので、計画の段階から器具の配置にいたるまで建築意匠設計の影響を受ける。ということはトレードオフ関係があるということを意味する。計画段階では、機器の配置計画、ダクト・配管類のルート計画が設備トラブルに影響する。機械室・シャフトの位置や排気ガラリの向きにより、音に関するトラブルが発生する。吹出し口のレイアウトは温度分布やドラフトに大きなかかわり合いがあるし、温度センサの位置もデザインで決められると「暑い寒いのトラブル」の原因になる。トラブル防止のためには、建築計画・設計の各段階や、ディテール決定の段階において、設備技術者がトラブル情報について建築意匠設計者に伝達を行うことが必要である。

③設計の責任分界点

建築設備トラブルを（A）エンジニアリングトラブルと、（B）建築関連トラブルとを分ける必要があるというのは責任分界点をはっきりさせたいからである。

わが国においては長い間、電気設備も含めて建築設備設計は一級建築士が設計することになっていた。「姉歯元一級建築士の事件」をきっかけに、設備設計一級建築士制度が創設されたが、一定規模（階数3以上かつ5000m^2）以下の建築物の設備設計については、依然として一級建築士が設計することになっている。

最近の建築基準法改正では、「建築設備士」の名称と「2000m^{2}を超える建築物の建築設備について建築設備士の意見を聞くことの努力義務化」が規定された。しかし建築設計業務量の増大と、それに見合わない設計料の狭間にあって、意匠専門の一級建築士が実際に設備設計を行う行わないにかかわらず、設備設計の面倒を見る余裕がないという状況に問題はあるが、設備トラブルに関して意匠設計者が、自分が原因者としてかかわっている可能性への認識が少ないのが問題である。

意匠設計者の中には、自分の計画にはすべてエンジニアリングで対応できると勘違いする方が時々おられるのが困る。こういう方の中には、設備の立場からの意見を、自分の計画への障害ととらえる傾向がある。建築計画トラブルがなかなか減らない一因でもある。

④責任施工について

　「責任施工」という言葉がある。現在はマンションの大規模改修工事などでの発注方式の一形態であるが、筆者のサブコン時代は性能検証も含めて受注工事は「責任施工」であるのが当然であった。

　「責任施工」であるためには、受注したエンジニアリングの機能に関しては全責任がある。したがって設計施工が前提となる。筆者がこの業界に入ったころは、建築設備の設計に関し、設計会社やゼネコンの実力がそれほど強くなかったので、計画を含め設備設計はサブコンが行うことが多く、必然的に「責任施工」という考え方が定着していたのである。したがってこの時代には、トラブル対応は施工した設備会社が行うのが当然であった。サブコン時代の最初の現場の上司からは「君たちは技術のことでは、施主・設計者・ゼネコンと喧嘩してもかまわないからね」と言われたが、この責任を自覚していたからといえる。

　実際に自社の設計の際に、設備サブコンの技術者の立場であっても、建築学科の出身者として、いろいろ主張させてもらった覚えがある。

　現在は基本的には設計施工は分離されている。しかし「責任施工」という考え方は残っており、設備トラブル＝サブコンの担当（責任？）と考え、建築意匠設計者がトラブル原因者になりうることを認識していないことが、「マタカ」トラブル発生の原因の1つである。

　迷惑をこうむった事業者・発注者側も責任分界点の存在に気づかないものが多く、設備トラブルといえばサブコンに振られることも少なくない。ただし、大手ゼネコンの場合は設備部門が充実していることもあり、設計・施工いずれの場合も受注・請負条件に応じた対応を行っている。建築関連設備トラブル情報は、建築計画・設計のプロセスにおいて、設備設計者から伝達されることがもっとも効果的である。

1-4 建築関連設備トラブルと エンジニアリングトラブルの諸事例

①騒音トラブル

　騒音トラブルについていえば、ホテルの地下3階機械室で冷温水ポンプの防振をケチったため、3階の結婚式場の床で微振動が感じられるというトラブルがあった。防振装置を取り付けたら振動が消えたというのはエンジニアリングトラブルといえる（**図1-2**）。

図1-2　防振をケチって地下機械音が3階に

しかし、**図1-3**のようにポンプ室の真上にマンションの寝室を配置し、ポンプや配管類の防振を行ってもなかなか音が消えないでクレームになった、というのは建築計画トラブルである。後のケースは暗騒音との関連が問題を複雑にしている。一般的には施工側の対応で解決しているが、解決にいたるまでにはかなりのエネルギーを必要とする。本来は計画時点でポンプ室の位置に配慮すべきことである。

図1-3　建築計画トラブルの代表例

サッシの高気密化はマンション居室暗騒音の低下につながっている。給水ポンプを圧力送水方式から、インバータポンプにリニューアルして騒音トラブルになった事例があるが、これはエンジニアリングトラブルに入れるべきであろう。逆に、サッシのリニューアルに伴い給水ポンプ騒音が聞こえるようになったら、建築計画トラブルといえる。

:::: コラム

◆**施工者のみが表彰された新築物件**

某官庁物件において、事業者との打ち合わせの度に先方の担当者から細かい変更事項がたくさんあげられた。当方の担当者から見せてもらったが、A4の用紙2～3ページにわたるほどであった。上司の方のチェックがきびしいようであった。ある時、上司の方も同席の打ち合わせの際に、なぜこんなことをするんだというような指摘があった。「担当の方のご指示どおりにしました」と回答した当方の設計者は即担当替えとなった。設計完了、竣工した建物はまあよくできているなというレベルであった。施工業者は表彰状をいただいたが、当社には何もなかった。

::::

②排気ガラリ騒音

排気ガラリ騒音も、建築計画トラブルとエンジニアリングトラブルがある。近隣マンション居室に面して排気ガラリが設置された場合は、騒音トラブルが発生する（図1-4）。

図1-4　建築計画とエンジニアリングトラブルの複合例

このような配置を行ったのは、建築計画であるが、消音装置を取り付けるのはエンジニアリングの範囲といえる。ただし、シャフトが狭くてガラリの後ろに消音装置がつけられない場合は建築計画トラブルである。建築デザイン的にガラリの面積を小さくされたり、特殊形状が原因となって騒音トラブルとなる場合は建築計画トラブルである（図1-5）。

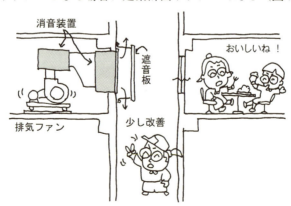

図1-5　騒音対策は最初から取り入れる

③臭気トラブル

　騒音でなく、臭気がトラブルとなる場合は分け方が微妙である。この場合は、ガラリや排気レジスタの配置計画を建築設計者、設備技術者のどちらが行うかにより分けることができる。ガラリが大きい場合は、ファンルームやダクトシャフトなどのスペースが必要となるので、どこに配置するかは建築計画の範疇である。マンションや戸建て住宅の厨房排気は小さな排気口（レジスタ）によることが多いが、隣地に影響ないように配置することが原則である。

④輻射熱

　輻射熱はエンジニアリング（空調設備）では対応できない。南面に大きなガラス開口のあるホテルのロビーで、景観を妨げるのでブラインドやカーテンは付けたくない、空調で対応してくれといわれて断ったことがある。

⑤排水設備

　排水設備のトラブルも建築計画が原因の場合がよくある。建築基準法には、「排水量に見合った適切な管径、勾配とすること」とあるが、規定の内容はエンジニアリングの範囲である。しかし、床ころがしスペースが小さかったり、階高が低く天井内の配管スペースを十分にとれなかったりして、排水不良となる事例はよく見られる。この場合は、現象としてはエンジニアリングトラブルであるが、法規定を満足させるに十分な配管スペースをとらなかったという建築計画トラブルである。このケースでは設備技術者が建築基準法の遵守を求めているのに、一級建築士が法不適合を強制するという信じられないような状況がよくみられる。

⑥空調・換気

　空調・換気設備トラブルでも梁下スペースに余裕がなく、アスペクト比（縦横比）の大きな薄べったいダクトの抵抗が大きくなって機能障害となった事例も多い。

⑦雨水・出水

　雨水出水地域での防水対策は、建築計画とエンジニアリングとの両方で対応しておく必要がある。外部の水が浸水しないように段差を設けたり、防水板対応を行うのは建築計画の範囲であり、1階系統の排水や1階のバルコニー、中庭雨排水を別系統としてピット内に貯留してポンプアップ排水することはエンジニアリング計画の範囲である。建築で浸水対応してあるのに1階排水を直接放流すれば、集中豪雨時の雨水は逆流して排水口から浸水する。

　建築基準法第十九条には、「**建築物の敷地は、これに接する道の境より高くなければならず、建築物の地盤面は、これに接する周囲の土地より高くなければならない。ただし、敷地内の排水に支障がない場合又は建築物の用途により防湿の必要がない場合においては、この限りでない。**」と規定されているが、但書以下は設備の責任である。

⑧窓サッシ改修による気密度の向上

　窓サッシ改修による気密度の向上は、換気不良、湯沸し器の運転不良と、騒音トラブルにつながる。気密度の向上は全体的な居室内給気不足となるので、ワンルームマンションでは、洗濯パンの排水トラブルからの排気逆流トラブルがある。またFE型湯沸し器が設置されているアパートでの人身事故も、気密度向上に伴う排気量不足による原因も考えられる。

　また気密度が上がると暗騒音が大きくなり、今まで聞えなかった音が聞こえるようになる。実際に上の階の小便行為音が聞こえるようになったというトラブル相談があった。

　『建築と設備の接点』という題名の本があるように、建築計画・設計の際に設備に配慮すべき事項はたくさんある。これらに関する配慮不足によるトラブルが建築関連設備トラブルであるといえる。なお、これらの参考書には書かれていないが、配慮不足に伴う具体的なトラブル事例との関連付けがあれば、建築設計者の理解も深まることと思われる。

❶-❺ 『マサカ』のトラブルと『マタカ』のトラブル

　本書のタイトルを「建築計画・設計に潜む『マサカ』・『マタカ』の設備トラブル」としたのは、設計者・技術者の経験によって同じトラブルでもその捉え方が大きく異なるからである。

　経験の浅い若手社員にとっては『マサカ』のトラブル事例でも経験豊富な技術者である上司にとっては『マタカ』であるから、再発防止に努めなければいけない。設計者の『マサカ』は、施工者にとっては『マタカ』の場合が多く、こんなことも知らないのかという評価にもなる。逆に設計者の設計意図が理解できずに『マサカ』の施工や管理がなされることもある。建築設計者にとっても、設備トラブルを『マサカ』、『マタカ』のどちらと捉えるかは、設計経験と設備へ関心の程度による。

　一般ユーザ側にとっては、設備トラブルはあってはならないものであるから、基本的には『マサカ』であろう。

　本書のトラブル事例ついては、筆者の主観に基づいて、以下のように『マサカ』または『マタカ』の評価を行った。

〈『マサカ』のトラブル〉
・『マサカ』であるから想定外の条件・状況・使われ方によって生じるトラブル。
・設計・施工においても、やってはいけないことをやってしまった結果も『マサカ』である。
・同様にやらなければいけないことをやらなかったトラブルも『マサカ』である。
・自然現象や、建築・専門外の設備に原因がある場合は、想定外のトラブルとなりやすい。
・ある特定の条件化で起こるトラブルが多く、状況把握が難しい。
・したがって因果関係が複雑で、再現性を把握することが難しいので解決が遅れることが多い。

- 一定レベルの技術者では絶対行わないようなことを、設計または施工することにより発生するトラブルも『マサカ』である。この場合も、トラブルの原因が、遭遇した当事者の技術常識の範囲外にあるため解決が遅れる。
- 自然現象や、建築・専門外の設備に原因があることが、想定外のトラブルとなりやすい。
- また、取扱い上の配慮不足も想定外となる。
- したがって建築設計者・技術者にとっては、新しいプロジェクトを担当するたびに、『マサカ』に遭遇する危険があることを忘れてはいけない。

〈『マタカ』のトラブル〉
- 建築設備の設計・施工において、経験不足が起こすトラブル。
- 設備トラブルではこの種のものがもっとも多い。
- 因果関係が比較的明快であり、通常の施工ミスのように解決が早い。
- しかし原因が明らかでも、改善に大きな費用を必要とする場合は、誰が負担するか決まらず、解決が遅れる場合もある。
- 建築と設備の間には、相互背反（トレードオフ）の関係があるため、設備だけで解決ができないものがある。『マサカ』のトラブルも同様である。
- 各社／各個人それぞれで、経験の違いにより同じようなトラブルを発生させている。ということは設備工学にとって経験工学的要素が大きいことを意味している。
- つまり、これらトラブル情報が設計から管理にいたるまでの、設備業界の共通情報となっていないことをが『マタカ』の原因である。
- マニュアルの徹底、社員教育で再発防止できるケースが多い。
- トラブル本には多くの事例紹介があるが、断片的な情報の集積になっている。

第2章

建築各部位および設備スペースに潜む設備トラブルの要因

　設計から施工まで、建築と設備の間には非常に多くの接点があり、複雑・多岐にわたる問題点が存在する。これらの接点は、建築意匠・構造・設備（空調・給排水・電気）それぞれが「あちらを立てればこちらが立たず」といった、相互背反（トレードオフ）の関係にある。これらの相互背反の中には設備トラブルを引き起こす要因が多く潜んでいる。建築計画に当たっては、これら要因に配慮してトラブルを発生させないように計画される必要がある。

『建築と設備の接点』という書が30年以上前に出ているように、設計から施工まで、建築と設備の間には非常に多くの接点があり、複雑・多岐にわたる問題点が存在する。これらの接点は、建築意匠・構造・設備（空調・給排水・電気）それぞれが「あちらを立てればこちらが立たず」といった、相互背反（トレードオフ）の関係にある。

これらの接点（建物の各室・各部位・設備スペース）の相互背反の中には設備トラブルを引き起こす要因が多く潜んでいる。建築計画にあたっては、これら要因に配慮してトラブルを発生させないように計画される必要がある。また計画・設計業務の間には建築的変更が頻繁に発生する。これらの報・連・相（報告・連絡・相談）が不足する場合は設備トラブルにつながるばかりでなく、手戻りによる設計業務の効率低下となる。したがって建築設計者がこのトレードオフを理解することは設計効率の向上にもつながる。

建築各部位には、あちこちに設備トラブルの要因が潜んでいる。具体的なトラブル事項や配慮項目は「［第5章］建築計画・設計に伴う設備トラブル事例」で取り上げるので、ここでは項目と簡単な解説のみをあげる。

（建築基準法）とあるのは、建築基準法に規定があることを意味する。

（1）居室と床・壁・天井の熱特性、使用形態

①床・壁・天井（屋根・床を含む）の熱特性が室内環境トラブル（暑い、寒い）に関係する。

②室内環境トラブル（暑い、寒いのトラブル）に関係する要因。
- ・空調設備ゾーニング（特にペリメータ（外周）を別系統としているかどうか）
- ・吹出し口の形や配置。エアコン室内機の配置
- ・外壁構造とガラス面開口、ガラス・サッシの仕様
- ・出入口扉の位置
- ・高い天井と吹き抜け

- 隣接室が非空調の場合の温度（ガラス建築、ガラスブロック壁により温度が高い）
- 室内設置機器のルーバ、目隠しなど

③断熱の有無による**結露トラブル**。
④大きな音を出す室は、配置および防音・遮音に考慮する。

(2) 非空調室

①昨今のガラス建築では、通常は空調を行わない廊下などのスペースも非常に暑くなるので空調設備がないとトラブルになる。
②便所もグレードが高くなっている。外壁側に面したり、窓がある場合は空調は必要である。
③厨房の冷暖房は規模とグレードによるが、日射の入る窓がある場合は空調は必要である。
④シースルーエレベータも冷暖房対応がほしい。

(3) 機械室スペース（主機械室、各階機械室）

①**騒音源**であることに考慮し、配置計画に留意する。原則的に居室とは平面的に離隔配置し、上下階にも居室を配置しない。
②隣室との隔壁、上下階とのスラブ厚などは、遮音性能に配慮する。
③基準階に機械室を設置する場合は騒音対策を講じる。

(4) 音の出る装置・機器類の設置箇所

①大きな音の出る装置（エレベータ、立体駐車場など）や室の設置場所・配置には、他の部屋および外部への影響を考慮する。
②建築関係機器類（シャッタ、自動ドアなど）から発生する騒音は、居室などから離隔する。

(5) 梁とスラブ、天井裏スペース

①梁下スペースに余裕がないと、薄く変形されたダクトの振動による**騒**

音トラブルや、風量不足による**暑い寒いのトラブル**につながる。
②同様に余裕がないと、排水管の勾配が取れず、**排水機能障害**となる（建築基準法違反である）。
③エアコンのドレン管が流れないと、室内に漏水となる。
④エアコン室内機を天井内に設置する場合は、上階の床を大スパン構造や無梁板構造にすると、エアコン室内機ファンとの共振による**振動トラブル**が発生する。

(6) 二重床スペース

①床ころがし配管の場合は、上記と同様、**排水設備機能障害につながる**（建築基準法）。
②床吹き出し方式の場合は、床ころがしの電線スペースに配慮して余裕を見ておかないと、将来は風量不足による**暑い寒いのトラブル**につながる（事務室二重床は電線・ケーブルの墓場となる）。
③床吹き出し方式の場合でも、ペリメータゾーンは別系統とする。同一系統にすると、**暑い寒いのトラブル**となる。

(7) シャフト類（DS、PS、EPS）、壁まわり

①**騒音源である**ことに考慮し、配置計画に留意する。特にマンションではPSは居室（寝室）側には配置しない。ホテル、病院客室も同様である。
②狭いダクトスペースでは、ダクト分岐に無理が生じ**騒音源**となる。
③保守管理、取替えに配慮する。また、トラブル時に消音装置などを付けられるスペースを確保する。
④給排水配管の埋設は騒音トラブルにつながる。
⑤必要箇所に点検口を設置する（建築基準法）。
⑥ダクトシャフトの防火区画は、設備的には竪穴区画の方が望ましい。水平区画の場合はダクト系に各階防火ダンパが付き、各階の取り出し風量のバランスが悪くなり、ファンの動力が増える。

(8) ガラリ・ベントキャップ

①どちらに向けて配置するかがトラブル防止のポイントである。
②排気ガラリを風の上流側に向けて配置すると**排気の機能障害**が起きる。
③**騒音・臭気**が近隣のクレーム源となる（ファンの運転音、ガラリの風切音）。
④臭気はショートサーキット（吸込み口への回り込み）にも注意。
⑤吸込み口は、近隣建物の排気（臭気）に注意。
⑥ガラリ位置は、空調・換気機械室やDS位置に関連していることに注意。
⑦外気冷房による省エネ運転ができるように、最少外気量で大きさを決めない（設備設計者と要打ち合わせ）。
⑧ベントキャップはデザインで選ぶと、雨水の浸水や臭気の滞留につながる。小さなバルコニーでの下向き排気は臭気がたまりやすい。

(9) 屋上、ペントハウス、屋外設置機器まわり

①屋上設置機器は近隣への騒音源となる。
②屋上設置機器は直下階居室への騒音源となる。スラブ上に直設置しない。
③避雷針やテレビアンテナを屋上スラブ上に直設置しない。
④冷却塔、エアコン室外機を隠したり、設置位置が不適切であるとショートサーキットによるエアコン停止トラブルが発生する。
⑤このショートサーキットは、トラブルにならなくても、**アンチ省エネ運転**をしていることになる。
⑥煙突の排気が冷却塔やエアコン室外機に吸い込まれないか注意する。

(10) 床下水槽

①貯留されるものの種類により、臭気、湿気、結露、水害などのトラブルにつながる。
②蓄熱槽の上のスラブは結露、温度上昇に配慮して諸室を配置する必要がある。

③汚水・雑排水の水槽は、メンテナンス時に臭気の影響のない室の下部に設置する必要がある。基本設計の早目の段階で、各階平面図の他にピット図を作成し（簡単なスケッチ程度でよい）、設備設計者に水槽類の計画をしてもらう。

④最近は雨水の貯留槽を設置する事例も多い。集中豪雨時のオーバーフローにどのように対処しておくかが計画のポイントである。特にエレベータピットへの流入、機械室・電気室へ逆流しないように配慮する。

（11）敷地・外構、地中

①隣地境界との間に、給水配管（引込み管、散水栓配管）、ガス配管、汚水配管、雨排水配管が通るようなスペースをとる。雨水・汚水配管は最終ます（枡）までは合流させない。

②メータ類（水道・ガス・電気）や排水ますの位置も意匠との取り合いが必要である。

③配管類の不同沈下防止策を講じる。

④土間床下の埋設配管は、絶対やってはいけない。地下のない建物の1階水回りの下には必ず配管用のピットを設ける。常水面が高い敷地の場合は、床は土間としないでコンクリート床とする。

⑤雨排水は外に排出することだけでなく、集中豪雨時・ゲリラ豪雨時に敷地周辺（隣地、前面道路）からの流入に配慮する。

⑥雨水貯留槽・浸透槽を設ける場合は、満溜時に呑み込みきれない雨水が、建物に浸水しないように計画を行う。

（12）地下諸室およびドライエリア

①豪雨時の雨水浸水を防ぐ手段を講じておく。

②ドライエリアには、豪雨時・道路冠水時に周辺からの雨水流入防止措置を講じる。

③1カ所のドライエリアでは給排気をとれない場合がある。

④スプリンクラ発泡時や、消火栓放水時の水が電気室に入らぬよう配慮。

第3章

建築計画・設計の流れと設備トラブル

　建築の計画・設計に起因するトラブルを把握するためには、建築計画・建築設計の業務の流れと、設備計画・設計の関係について把握しておく必要がある。ここでは建築計画・設計の流れに潜在する問題点について簡単に述べる。

建築の計画・設計に起因するトラブルを把握するためには、建築計画・建築設計に業務の流れと、設備計画・設計の関係について把握しておく必要がある。ここでは建築計画・設計の流れに潜在する問題点について簡単に述べる。計画系の読者の方へはいまさらの話であろうが、計画・設計の下流側業務に携わる方や施工系の方もトラブルの種がどこに潜むのかをご理解いただけるものと思う。

3-1 建築計画と設備計画の関連

建築が計画されなければ設備計画は始まらないので、「はじめに建築計画ありき」は当然である。建築が基本構想を練っている段階では、構造のことは考えても、とりあえず設備は蚊帳の外である。

計画・設計の流れについては以下に述べるので、建築の平面計画・断面計画・立面計画・表面計画（外装、内装計画）と設備計画について簡単に述べる。

設備計画は以下の4つに分けられる。

① **設備システム計画**：与えられた建物にどのような設備を適用するか。敷地・建設地への条件に配慮し、建築の規模・形態・用途に合わせてシステム計画を行うのが設備計画の始まりである。

② **設備スペース計画（配置計画）**：上記システムにおける必要機器のスペースについて、建築計画のどこに配置し、どの程度のスペースが必要であるか計画を行う。これは建築の平面計画に関係ある。主要機器は大型のものとなるので、断面計画にも関係ある。

③ **設備ルート計画**：空気・水・電気を必要箇所へ供給したり、取り入れ・排出したりするルートの計画である。具体的には、シャフト計画として建築平面計画に関連し、梁下ダクトスペースや電気の幹線ルート確保のためには断面計画に関係する（電気設備の幹線は換気ダクト並に大きい）。また外気の取り入れ、排気などのため外壁ガラリへの関連で、建築立面計画に関係する。

④**設備端末計画**：建築内・外装の表面に設置される設備関係機器の計画である。照明器具、吹出し口など各設備のうち目につく器具類であるが、建築意匠設計との取合い次第ではトラブルの原因となりやすい。これを、表で示すと以下のようになる。

	建築平面計画	建築断面計画	建築立面計画	建築表面計画
設備システム計画	○	○	○	○
設備スペース計画	○	△	△	
設備ルート計画	○	○	△	
設備端末計画			○	○

（○：関係が深い。△：やや関係が深い）

上記の設備計画は、建築計画・設計の内容が充実していくにしたがって、設計の流れにおいて設備計画の内容を詰めて実施段階にもっていく作業がある。それぞれの段階で建築設計と関連するのである。

3-2 建設計画への意思決定と設計着手

建築の設計はどの時点から始まるか。常識的には着手した時点ということになろうが、着手は何時か？作業をする側からみれば、敷地と建築内容が与えられた企画構想段階から費用は発生するが、「設計業務」として考えた場合は、発注者（事業者・施主）の意思決定の時点から始まると考えてよいであろう。意思決定により設計が発注（契約）されるのであるから、受注前の（意思決定前の）計画作業は営業的な位置づけということになりやすい。

建築設計の工程は大きく分けると、①基本計画（基本構想）、②基本設計、③実施設計の3段階となる。これに発注者（事業者・施主）側の意思決定という要因を加味すると、基本計画は意思決定までの業務といえる。したがって基本計画段階を企画設計と呼ぶこともあれば、基本計画の前に企画設計を入れる考え方もある。

意思決定後、設計着手となるが、建物の諸条件を煮詰めて発注者によ

る要求事項を確認・決定し、計算・作図に入れるように計画をまとめることが基本設計である。実施設計は計算・作図段階であり、詳細な検討が要求される。

なお、マンション設計の場合は、デベロッパが土地を購入するかどうかの判断基準となるボリュームチェック業務がある。敷地の容積率を最大限利用し、なおかつ商品になるような住戸ユニットが作れるかどうかがポイントである。この場合は設備・構造設計者の出番はあまりない。

3-3 着手前業務の重要性

(1) 計画図（企画設計図）の作成

建築設計の場合は建物を建てようという発注者側の意思決定のためには、ラフなものとはいえ、基本計画図（企画設計図）を作成しなければならない。どのようなものが建てられるのかわからないでは、発注者側では意思決定できないからである。したがって実際の設計に着手する前の作業が必要となる。基本計画図（企画設計図）と概算予算書により、事業計画があきらかになり、事業者側で計画に対し意思決定がなされれば、設計業務が始まることになる。通常はこの時点で設計契約となるが、なかなか契約してくれない事業者も多い。コンペなどで意思決定がなされる場合もある。

しかし、基本計画図作成には以前の法的規制が緩やかな時代と比べ、かなりの手間がかかる。基本計画図（企画設計図）作成のためには、都市計画法その他に基づく計画地の法的規制条件の把握が必要であり、各地の地方条例もチェックを要する。これらをクリアしながら事業者や建物独自の要求事項を盛り込むことが必要である。しかも、この段階で手落ちがあれば事業が成り立たない恐れもあるので責任は重大である。特に法のチェック漏れや、建物の収支に関わる有効率（貸室面積比）の算定に関しては、いい加減な作業はできない。事業者側の要求のままに、設備・構造に無理なしわ寄せが押し付けられることがよくある。もちろ

んそのままでは建物が成り立たないので見直しとなるが、手戻り業務となって作業の無駄となる。

　有効率に関しては、ベテラン設計者はある程度の余裕を見ておくが、経験の浅い設計者は、事業者側の要求事項をそのまま計画に反映させがちである。設備設計者や構造設計者の早い段階からの参画が必要な所以^(ゆえん)である。

(2) 着手前業務

　それだけでなく、次項に述べるように、建築図（企画図）の変更が多い。着手前業務であるから、技術スタッフは変更のたびに付き合っていられない。当初計画時に概略の考え方を示しておき、後は変更図をチェックする程度であるが、大きな変更や技術的課題が発生した場合は、もちろんはじめから計画の見直しということになる。したがって、**設計業務の効率化と設備トラブルを予防のためには、計画の主導者である建築設計者が建築各部位に潜む設備トラブル要因を把握しておく必要がある。**

　これらの業務は実質的にはすでに設計行為であり、この段階の作業量が建築設計業務全体に占める割合は以前から大きくなってきている。意思決定のためとはいえ、（正式な）設計業務に着手する前の「着手前業務」の業務量については事業者側に認識してもらう必要がある。

　この着手前業務をどの程度設計報酬に反映できるかが設計事務所の生き残りのための必要条件であり、広く建築設計事務所制度存続のポイントと考えられる。しかし依然として、一般的にはこの作業は営業業務の一環で設計を受注するためのサービス業務と捉えられている。

　上記ボリュームチェック業務については、わずかであるが報酬を見てくれるデベロッパもある。

(3) 基本計画（企画設計）

　基本計画（企画設計）については、設計の流れの節目の段階であるから、簡単なものであっても計画書をまとめておくことが多い。建築設計

者は、設計の節目の段階で、設備設計者に設備計画の内容をまとめた「○○設備基本計画書」的なものを要求して内容把握をしておいてほしい。また、「(仮称)○○ビル基本計画書」として成果品の提出を求められ、報酬をいただくこともある。この場合にはそれなりに充実した内容のものが作成される。

3-4 なかなか決まらぬ基本計画

　基本計画は可能性追求業務なので、エンドレスな業務となりやすい。コンペなどによりはじめから意思決定がなされる場合は別として、1つの提案だけで意思決定されることはまったくない。通常はベテランでも4～5案、平均して10案程度は提案している。知り合いの設計者からは最高記録で27案出したことがあると聞いた。

　現役時代でも、建築設計部門に顔を出すたびに、若手の図面が別の形になっていることはよくあった。計画図の表紙には、タイトル「(仮称)○○ビル基本計画図」の後に識別のためにA案、B案、C案、D案…と書いてあるのだが、打ち合わせに行くたびに変更になり、「○案」ではなくて「×月×日案」と表示してくれと先方から言われたそうである。発注者側でもP案、Q案などというタイトルを見るのは気が引けたのであろうが、それほど変更が多いというのが実態である。

　これには、建築設計者側の計画のレベルや、プレゼンテーション能力、事業者の要求を的確に引き出すコミュニケーション能力などが関係することはもちろんであるが、事業者の意志決定が段階を踏んでいる場合も多い。これが遅くなればなるほど設計者にとっては負担増となる。

　したがって、本来はプラン変更のたびに技術スタッフに相談や検討依頼が必要であるが、設備技術者・構造技術者がいる事務所でも建築設計者の「報・連・相」がよくないと計画上の落ちが生じ、トラブル・不具合の種が入り込むこととなるのである。

③-⑤ 図面変更のインターバル（季刊・月刊・週刊・日刊・夕刊・号外）

　このように建築設計図の完成にいたるまでは、詳細部分の煮詰めや部分変更を含めて数え切れないほどの変更図面の発行がある。基本計画（企画設計）が承認され、実施設計段階になると図面変更のインターバルは徐々に短くなる。

　筆者の現役時代はCADではなく、図面の作成はトレーシングペーパーで、発行されたものは青焼き（白焼き）であった。したがって新しい図面（変更図）の受領は何か出版物を受け取ることに似ている。これらの図面の発行インターバルを設備設計の側で出版物に例えてみると、計画の段階に応じて**季刊・月刊・週刊・日刊・夕刊・号外**、といった感じになるのがおもしろい。

(1) 基本計画段階（季刊誌・月刊誌）

　建築計画の進行には事業者側の意思決定が必要であるが、意思決定には時間がかかる。組織による違いはあるが、通常事業者側の社内では、部門や階層ごとに意思決定の段階を踏まなければいけない。そのたびごとに、要求される内容やレベルが高くなり、新たな検討課題が追加され、新しい図面が作成されることになる。

　事業計画に関する事業者側と建築設計者との打ち合わせは、毎週または隔週行われてはいるが、基本計画または企画設計段階では、設備・構造の基本に関する検討事項がそのたびに発生するわけではない。この段階では、設備の出番は月に一度、または数カ月に1回程度（もちろんプロジェクトの内容によって違うが）であり、検討用の建築図を受け取るのが季刊誌・月刊誌並みのインターバルとなるのである。

　この段階では、インターバルが長いこともあって、建築設計者と設備設計者の意思の疎通が図れないこともある。意思決定段階であるから、この間に設備トラブルに関する重要事項が決められてしまうと元に戻す

のがたいへん難しい。そのためには、打合せ議事録などで、報・連・相を怠らないことが重要である。

（2）基本設計・実施設計段階（週刊誌、日刊紙、朝刊・夕刊・号外）

　事業者側が意思決定をしたからといって、すぐに実施設計図に着手できるわけではない。具体的な内容決定という基本設計段階がある。

　設備設計はエンジニアリング設計であるが、建築に組み込まれているため、建築設計がある程度決まらないと設計に着手できない。このあたりが機器メーカの設計や、プラント設計と違うところである。

　基本設計に入ると機械のスペースやシャフトスペース、梁下スペースなど、建築設計に影響のある要因により、建築計画や構造計画を見直す必要がある。もちろん企画図・基本計画図段階で概略の設備計画を行って、大きな建築設計の手戻りはないように計画はしておくが、建築と設備の接点はいたるところにあるので、建築図面の変更はエンドレスということになる。

　事業者側の要求による建築図自体の変更も多い。必要な機能の充足やデザインの見直しも設備に影響がある。設備側で再検討の結果、建築図の変更が必要となることは日常茶飯事である。したがって、建築図と設備図・構造図との完全な整合性をとることはたいへん難しい。

　また、基本計画段階と同様に、事業者側社内の意思決定（事業承認）の段階が上がるたびに変更が起こる。筆者の経験では、地方の某スーパーマーケットで、事業者側のプレゼンテーションの段階が、担当者⇒係長⇒課長⇒部長⇒担当役員と上がるたびに、食品冷凍用ショウケースの配列が縦⇒横⇒縦⇒横と変えられたことがあった。事業決定以降の内容に関しては担当者・責任者に一任される場合はよいが、上記のように一言口をはさまなければ気がすまない上司がいる場合はおおいに困る。

　この段階では、毎週のように図面が変わり、煮詰まってくると事業者の要望や設備・構造の検討事項を反映し、毎日のように変更がある。週刊誌、日刊紙（朝刊）と同じである。朝の図面がその日の打ち合わせで

また変更になれば夕刊というわけで、時々号外も発行される。建築設計の内容決定までは、図面の手直し・書き直しはつき物なのである。

実施設計段階は、計算・作図業務として、設計事務所で唯一外注可能な業務である。したがって基本設計段階では、即実施設計にかかれるように内容を煮詰めておく必要がある。この段階で基本設計図書をまとめておくと、以降の業務の手戻りが少なくできる。この段階の図面が、設備トラブルの発生防止に配慮されたものでなければならない。

3-6 整合性を阻害する設計工程管理

前述のように、建築設計図の作成は建築・構造・設備の共同作業の上に成り立っているのであるから、おのおの図面の完成は、時期的にずれているのが当然である。建築図の決定⇒機械設備設計と機器容量の決定⇒電気設備設計と容量の決定というように、時間的な差を設計工程に見込んであれば、手戻り設計や工事監理段階での変更は少なくなるはずである。もちろん整合性のレベルも向上する。しかし現状では設計図の完成は各部門とも同じとなっている。

一般的な実施設計図作成の工程としては、事業者の承認を得、建築・構造・設備の概略整合性のある建築一般図を構造・設備部門に渡すことから始まる。これに基づいて設備が計算・作図している間に、建築が詳細図や展開図など、構造図・設備図作成に関係ない図面を作成するという工程にはなっている。しかし、この間に事業者からの細かい、または大きなプラン変更があるのが問題である。事業者側の内容決定の変更に対しては、実施設計の完成を延期するのは当然であるが、建築設計者は設備設計の変更内容の程度が把握できないので、事業者側の無理な要求を受け入れてしまうことがよくある。各部門同時に設計図完成という工程管理で、図面の整合性が取れるはずはない。当然そこには設備トラブルの種が潜みやすい。

（一社）日本電設工業協会の報告書「設計図書の制度向上に向けて」（平

成26年11月27日）には、設計図の精度が低いこと（特に民間工事）が指摘されているが、現状の設計工程では設計図の最下流における電気設備設計図にしわ寄せがきているのはある意味当然である。上記報告書では、プロット図だけの電気設備設計図もあるようで、手直し設計費用（人工数）が大きいことも報告書に述べられている。施工図作成分ではなく、単なる手直し設計分は、本来は施工会社が負担するのはおかしい。

　最近は確認申請図において建築・構造・設備各図面の整合性のチェックについて厳しくはなっているが、実施設計レベルの不整合はもっと多い。この改善には、より適正な設計工程の管理が望まれる。また、設計図完了後内容の精査、図面の手直しを行ってから積算に入るという方法もある。この場合は設計精度は上がるので、その分は設計料に反映させていただきたいものである。

　筆者の会社では過去に、海外物件をハワイの設計事務所に委託したことがあった。このとき先方の事務所で設計工程の打ち合わせがあったが、設備事務所は機械設備図の完成は建築図完成後約1カ月後、電気設備設計図はそのまた1カ月後を要求しており、設計工程に関する考えがきちんとしていることが羨ましかったことを記憶している。

③-7 積算・VE・工事契約から施工段階

　設計段階でトラブル防止設計になっていても、気をつけなければいけないのが積算時のVE提案である。建築の仕様変更が設備の容量などに影響することは多い。特に窓ガラスの仕様変更は熱源機や空調機の容量に関係する。これらの報・連・相を怠ってはいけない。

　トラブル防止には施工段階での設計変更も必要である。設計図の中にトラブル要因を見つけた場合は、改善のための手直しや変更が発生する。これによる変更に対するに抵抗感の大小はトラブル・不具合の発生防止につながる。設計者の責任云云もあろうが、より良いものを作るためには、設計変更に対してはおおらかであってほしいと思う。

第  章

建築生産における品質管理

　でき上がった製品としての建築設備において、不具合やトラブルが発生するということは、製品の品質管理が行き届いていないということを意味する。建築生産の流れのうち、特に設計段階における品質管理においてPDCAサイクルが回らないことが問題である。

できあがった製品としての建築設備において、不具合やトラブルが発生するということは、製品の品質管理が行き届いていないということを意味する。個々のトラブルに関する各論に入る前に、建築生産の流れのうち、特に設計段階における品質管理について簡単に述べる。

4-1 品質管理について

製造業における品質管理については、多くの企業において早くからTQC（Total Quality Control）による品質管理活動を行っており、品質保証に関する国際規格ISO9000シリーズの導入なども合わせて、わが国の工業製品の高い品質が評価されている。

建設業においても、製造業より若干遅れたが、TQC活動が導入されて建築施工・設備施工各社は品質管理につとめ、某建築施工会社がデミング賞を受賞した。また品質に関する国際規格ISO9000も設計事務所を含め、建設業界で認証を取得した会社は多数ある。

しかし、TQCに関しては設備施工会社の中には建設業務の流れの中では「品質に関する権限を自社が把握していない状況では、TQCは実行するが、デミング賞は狙わない」といった醒めた見方の会社もあった。

後述するように、これは施工部門だけでなく、設計部門も含めた建設業界の問題点を捉えた見方でもあるといえる。

4-2 品質管理とPDCAサイクル

(1) PCDAサイクル

品質管理の手法は数々あるが、そのうちで統計的手法と並んで重要なものが「PDCAサイクル」である。改善活動のプロセスを「Plan（計画）」「Do（実行）」「Check（点検）」「Action（改良）」の順に実行し、最後の「Action（改良）」を次のサイクルの「Plan（計画）」につなげ、各サイクルごとにらせん状に品質を向上させようという考え方である。図

4-1のような形となる(実際にはこのサイクルはらせん状になっており、AにつながるPは当初のPより上のレベルを意味しているが、ここでは平面表示した)。

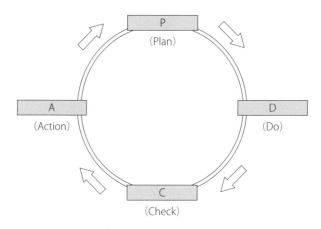

図4-1 PCDAサイクル

このサイクルは、品質の維持・改善だけでなく、広く一般企業の経営管理にも使われている考え方である。
①Plan(計画):目標を設定して、それを実現するための計画・設計を行う。
②Do(実施・実行):計画・設計に基づいて業務を実行する。
③Check(点検・評価):実施結果が計画どおりであるかの評価分析を行う。
④Action(処置・改善):実施結果が計画どおりとなっていない時は、必要な措置を行い、その後のPlanに反映させて品質を向上させる。
　このサイクルを繰り返すことにより、ISO9000で要求されている継続的改善が行われることになる。

(2) 建築生産とPDCAサイクル

トラブル防止という観点から、建築生産におけるPDCAは以下のよ

うに考えることができる。
① Plan（計画）：文字どおり、建物の計画・設計と考えてよい。
② Do（実施・実行）：建築・設備の施工。
③ Check（点検・評価）：竣工した建物の品質・使い勝手などの評価分析。
④ Action（処置・改善）：不具合箇所があった時の是正処置や手直し。

これらの不具合情報が次の段階の「Plan」に反映されることにより、より高い品質の建物が計画・設計されることになる。

本来は設計・施工の各分野で上記のようなPDCAサイクルが順調に運営されれば、当然建築設備のトラブルや不具合は解消されるはずであるが、実際にはなかなか減少していない。これは、建築生産の品質管理において「ミッシングリング（情報断絶）」が存在するためである。

(3) PDCAサイクルのミッシングリンク

PDCAサイクルの始まりは「Plan」である。したがってこのサイクルをどのような業務に応用しようと、「Plan」がもっとも重要である。建築設計のためには各種情報が必要であるが、品質管理のためには特にトラブル・不具合情報が重要になる。

建築生産のミッシングリング（情報断絶）は、**図4-2**のようにAction

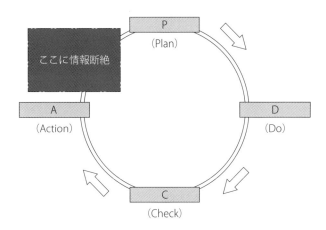

図4-2　PCDAサイクルのミッシングリング

とPlanの間に存在する。そのため品質管理のPDCAサイクルが機能しなくなるのである。

　いずれの業界でも、トラブルはマイナス要因であるから、表に出ずに隠される傾向にあるが、建設業界では以下の理由によりミッシングリング（情報断絶）が発生しやすい。

① 建築物は、建築・構造・設備より成り立っており、計画・設計はそれぞれ専門の技術者が担当しているので、設備トラブル発生時は通常、各設備技術者が対応する。そのため、建築設計者は建築設備トラブルを他人事ととらえる傾向があり、設備トラブルの原因者となる可能性について認識していない傾向がある。

② 設備トラブルが発生し、その原因が建築計画・設計に起因する場合でも、施工者側で何らかの対応をすることが多く、結果としてトラブル情報が建築設計者・設備設計者に報告・伝達されることは少ない。

③ その結果、PDCAサイクルのうち、A⇒P部分に断絶が生じ、トラブル情報が「Plan」（計画・設計）に反映されない。この傾向は、最近は設備設計者にも及んでいるのが問題である。

④ 建築全般の品質管理に関して、一級建築士としての責任を自覚している設計者でも、厳しさを増す事業者の要求事項、複雑化する法規制、未知の分野での技術の発展、業務内容の増加にもかかわらず、増えない設計料などの状況下においては、積極的に設備トラブル防止に配慮する余裕はない。

⑤ 何よりも自分の計画・設計が設備トラブル発生の要因・原因となる情報が伝えられてなければ、同じことを繰り返す恐れは十分ある。

コラム

◆コンサートホールで気が付いたこと

　商売柄、新しいホールに行くと竣工検査になってしまうことが多い。筆者はホールの利用者でもあるので、設備だけでなく、そちらの見方も厳しくなる。コンサートに行ったことがない方が設計したなと思われるような建物も多い。

4-3 建築生産における情報断絶①

　建築生産において、PDCAサイクルに関し情報断絶発生原因の1つとして、「計画から使われるまでの業務の流れと多種多様なプレーヤの存在」と、「建設業界における情報断絶（報連相の欠如）が発生しやすい側面」について詳しく述べる。

(1) 建設業務の流れと業務担当（標準）

表4-1　建築の計画から使われるまでの業務の流れと業務担当（標準）

工事区分	事業者	計画	設計（取合い）	設計（計算作図など）	施工	管理	使用者
建築	デベロッパー／ビルオーナー	建築設計事務所／建築施工会社設計部		（建築協力事務所）	建築施工会社	ビル管理会社	テナント／来客
構造				（構造事務所）			
空調				（設備設計事務所）	設備施工会社		
衛生					設備施工会社		
電気				（設備設計事務所）	電気設備施工会社		

　上の表4-1は、建築の計画から使われるまでの業務の流れをまとめたものである。

　事業者側が建物の建設を企画し、設計事務所に設計を発注、設計図に基づき施工会社に施工を発注して建物が完成する。住宅・マンション以外は、製品が大規模なので、竣工後にこれを管理するものが必要となる。

> **コラム**
>
> **◆工場設備ではなぜトラブルが少ないのか**
> 　一般の建築設備と比べると、工場設備にはトラブルが少ない。これは、用途・目的が決まっており、仕様も整えられているからであるが、何よりいいのは事業者側に技術者がいることと、建築計画のトラブル要因がほとんどないことである。したがって設備設計は純粋にエンジニアリングの範囲となる。先方技術者の要求事項に対しこちらでノウハウ・技術を提供するだけである。トラブル発生の余地は少ない。

建築が計画されてから使われるまでは表4-1のように関係者が多数存在する。
　この流れにおいて、事業計画部門/計画・設計部門/施工部門/ビル管理部門はそれぞれ別個の会社である。製品の計画から、設計、製造、販売まで1つの会社が管轄する一般の工業製品とは流れが大きく異なっている。しかも製品（建物）の設計・施工にかかわる分野は、建築・構造・設備（空調・衛生・電気）その他別途発注設備類というように専門分野が区分されている。したがって、専門分野や会社によって品質管理やトラブルに対する認識の差は違っているものと考えられる。
　設計段階については細かく分けると、取合い段階と計算・作図段階に分けられる。設計業務における外注可能な業務は計算と作図である。しかしこの業務を発注するためには、事前に計画を取りまとめ、建築・構造や他部門の設備との取合いを行い、協力会社に手戻りをさせないような内容を必要とする。この段階での業務をどの立場の者が行うかについては、設計事務所の規模・形態によって異なる。

(2) いたるところにある情報断絶

　表4-1は、建設業務の一般的な流れを示したものであるが、各部門・各段階が線で分かれており、通常はそれぞれ別の会社・組織であるので、情報の伝達に断絶が起きるのは構造的な問題であるといえる。各区切りの線がそれぞれのバリアを形成しているものと見ていただければ、情報伝達が難しいことがわかっていただけるものと思う。
　建物は一品生産品であるため、トラブル発生状況や原因も異なるので、認識を完全に共有することは難しい。また同じ設計や施工部門でも部や課は数多くある。トラブル情報は関係部門だけに流れて、建築設計部門も含めた関係者全体での共有はなかなか難しい。
　筆者の経験では、定年退職に当たって隣席の同僚部長氏のトラブルファイルをコピーさせてもらったが、その中にまったく知らないトラブル事例が数例あった。部内会議は一緒に行い、トラブル情報もその会議で

報告していたのであったが、それでも情報断絶があったということである。また、建築のトラブルについても筆者は知っていても、別の建築部長は知らなかったといったことはよくあった。

(3) 情報断絶に関する、各段階・部門ごとの問題点

品質管理、トラブル情報に関し、表4-1の各段階・各部門ごとの問題点について述べる。

①事業者

事業者側で設備専門の技術者を抱えているところが少ないのが問題である（建築の技術者がいる会社は多い）。専門技術者がいないとトラブル情報は蓄積されない。設計から施工にいたるまで、事業計画にアドバイスできるような権限をもった技術者の存在は、トラブル防止の必要条件といってもよい。

また専門技術者がいる場合でも、組織内での異動によりトラブル情報の蓄積が断絶する場合がある。それだけでなく、関連する別部門でトラブルに遭遇した場合は、元上司や同僚への遠慮から、原因追及、再発防止への対応が甘くなるのではないかと想像される。

②設計者

建物の設計は建築設計事務所、または建築施工会社の設計部で行われている。しかし、会社の規模により構造・設備のスタッフのいない事務所も多い。したがって、トラブル情報をもつ設備技術者が計画の初期段階から参画していない場合がある。トラブル・クレームの内容によっては、設備トラブルでも建築設計者に直接情報が上がることもあるが、どの程度状況把握されるか、設計に反映されるかは不明である。小さなトラブルは、建築・設備施工会社が直接対応するので、設計事務所にはトラブル情報が上がらない傾向がある。

また、小規模事務所ではスタッフの入れ替わりが多く、トラブル情報が蓄積されないこともあるのが問題である。

③施工者

　トラブル対応の窓口となる設計・施工を一括して行う建築施工会社の場合は、各社とも品質管理、トラブル防止を心掛けているので、情報断絶は少ない。

　トラブル対応は通常施工部門の管轄であるが、発生した場合の対応には手間がかかる。特にマンショントラブル解決には時間がかかることが多い。したがって各社とも程度の違いはあるが、自社設計、他社設計にかかわらず、報告書の提出や勉強会などでトラブル情報を共有して、再発防止に努めている。ただし、他社設計の場合、トラブル情報がどの程度上位の設計会社まで伝達されるかはトラブル状況による。自社設計の場合でも、本質的な原因は建築計画・設計にあるが、設備で対応できた場合は情報の共有は設備部門内に留まり、建築設計者まで情報が届かないこともある。

　設備施工会社についてもトラブル情報を品質管理に活かそうという状況は同様である。なお、別途発注工事や施主支給品は、表4-1の範囲外であるので、トラブル発生状況はなかなか伝わりにくい。

④製品メーカ

　表4-1からは外したが、施工部門には部材・部品・製品のメーカがたくさん含まれる。これらの採用にあたっては設計者施工者とも適切なものを選定しているが、時として不具合につながることがある。製品自体に不具合がなくても、P社のガス湯沸かし器のように設置状況によっては人身事故につながることもある。トラブル情報をメーカはたくさんもっているはずであるが、これもなかなか表に出てこない。

⑤ビル設備管理者

　建物の管理運用上のノウハウはたくさん蓄積されていると思うが、それらを設計・施工に反映される場が少ない。筆者の現役時代は主な事業者側に建築・設備技術者がいたので、設計図が上がった時点での図面チェックはきびしかった。また事業者側の設備技術者から、空調方式の変更を求められたこともある。

(4) 竣工1年検査の重要性

　ISO9001の要求事項である「設計の妥当性の確認」の場が建築竣工後の1年検査である。

　竣工検査は建築は主として目視であり、設備は試運転調整結果の報告と、設計図どおりのものがついているかの確認のみである。したがって設備に関しては、使ってみなければわからない要素はたくさんある。使ってみた結果の報告会が竣工1年検査といえる。

　ビル管理者側は計画・設計のいきさつや、工事上の問題点、工事予算の適否などの情報は知らされていないので、生の声が出てくる。若干煩雑ではあるが、その結果『マサカ』、『マタカ』、『ヤハリ』、『ナルホド』などの反省材料が得られる。竣工1年検査はトラブル・不具合情報の宝庫といえる。

　設計者の判断に関係なく対応する必要のあるトラブル情報もあり、そのうち小さなものは施工者の側には情報は上がっているが、設計者が知らないこともある。解決済みのトラブル情報も報告から落としてはいけない。

　設備技術者のいない事務所では、特別な設備関連トラブルの無い場合は、建築設計者だけが出席することが多い。安い外注費で依頼しているので、余計な面倒はかけたくない気持ちはわかるが、設備設計者の技術力向上のためにも、小さいプロジェクト以外は生の声を聴ける場には呼んでいただきたいものである。

4-4 建築生産における情報断絶②

(1) 設備専業事務所のトラブル情報断絶

　施工会社から設計会社にトラブル情報が上がる場合は2つのケースがある。

　①設備設計が分離発注された場合は、設計責任は設備設計事務所にあるので、設備トラブル情報はそこに上がる。

しかし、②設備設計を建築設計事務所が請けている場合は、トラブル情報を受けるのは設備技術者の有無にかかわらず元請の設計事務所である。したがって、総合事務所の場合はその会社の設備技術者が対応するので、下請けの設備設計事務所には担当した設計に関するトラブル情報が入ってこないことがある。

設備技術者のいない事務所でも、アフターに関して外注費は出せないので、設備トラブルのたびに設備設計事務所に対応を任せてばかりはいられない。大きなトラブルでない限りは、建築設計者が対応の窓口となる。いずれにしても下請け設備事務所は「情報と遠い位置」におかれ、トラブル情報は断絶する傾向になりやすい。設備設計事務所の技術力向上のためには望ましいこととはいえない。

(2) 設計・施工業務担当の各種パターン

表4-1のタイトルの後に（標準）と記してあるのは、計画・設計から施工にいたる段階の各分野ごとの業務の分担にいろいろなパターンがあることを意味している。

①設計業務担当のパターン

もっとも単純なパターンは、ゼネコン一括による建築から設備までの設計・施工である。

設計施工分離の場合は建築・設備それぞれの設計をどこが行うかについてはパターンが分かれる。

・すべての分野の設計を設備/構造スタッフを擁する建築設計事務所（総合事務所）が行う場合
・設備/構造スタッフを抱えていない建築設計事務所（アトリエ事務所）が行う場合
・建築、構造、各設備それぞれの専門の設計事務所が分離発注で行う場合

いずれのパターンの場合でも、設計・施工それぞれの分野の間の壁が情報断絶を起こしやすい。

ゼネコン設計部の設計形態は「総合事務所」と同じである。この場合は設計および施工は同じ会社で行っているのであるから、情報断絶は少ないであろうと思われるが、「トラブル対応は施工部門」という傾向が強いと、トラブル情報は設計部門に伝わりにくい。

②施工業務担当のパターン

施工の形態は建築施工会社による建築設備一括施工の場合と、建築施工会社、設備施工会社それぞれが専門分野の施工を行うという分離施工の場合がある。

いずれの場合も設備施工会社がトラブル対応するので、それぞれの専門分野における情報断絶は少ないといえる。一括施工の場合には、元請である建築施工会社がトラブル解決の責任者となるが、分離施工の場合に建築施工会社の設備担当に情報が伝わりにくいのは仕方がない。

(3) 複雑な形の設計業務とトラブルの関係

表4-1において、計画と設計（取合い）の間に業務区分を分ける実線は入っていないが、実際は、建築設計事務所の規模と、構造・設備技術者の有無により業務区分線を入れる必要が生じる。また、建築設計と構造・設備設計が分離発注となる場合と、一括発注となる場合でも設計業務区分に違いは生じる。特に問題となるのは設備計画を誰がやるかである。設備トラブルに関する情報を把握していない建築設計者が設備計画を行う場合には、トラブル発生の恐れは十分にある。

4-5 そのほかの情報断絶要因

(1)「報・連・相」の不足

前項に上げた情報断絶要因を1つにまとめれば、それは＜「報・連・相」の不足＞である。

トラブル情報が、報・連・相不足のため、次の「Plan」段階に反映されず、垂直展開しないので本来の是正処置とならないということは先に

述べたが、報・連・相つまり報告と連絡と相談が不十分であることは、業務が円滑に進められないだけでなく、トラブル・不具合の発生要因が増えることを意味している。

多品種一品生産物である建築物およびその設備を、複雑かつ煩雑な法的制約の下、きびしい事業者側の要求事項に応えて設計遂行するには報・連・相が不可欠である。

(2) コミュニケーションを阻害する権威勾配

権威勾配とは、英語ではTrans Cockpit Authority Gradient（TAG）と表わされ、本来は航空業界における機長と副操縦士との関係を表したものである。コックピット内での権威勾配の大小が航空事故に大きく関係することから、マネジメントの分野でもこの言葉が用いられるようになった（**図4-3**）。

どのような組織・グループ・チーム内においても、その構成員の間には何らかの権威勾配が存在する。上司と部下の関係で見れば、権威勾配が大きすぎれば部下は何も言えないし、逆に上司の権威が小さければ、決定が遅れるなどトラブル・クレームにつながりやすい。

建設業界の生産過程における設計者と施工者の間には大きな権威勾配が存在する。建築意匠・設備設計者はあまり意識していないだろうが、施工者サイドにはかなりの遠慮がある。また、建築意匠設計者と構造・

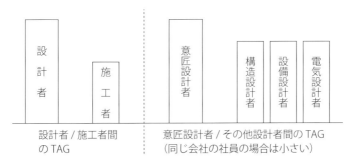

図4-3　建設業界における権威勾配（Trans Cockpit Authority Gradient：TAG）

設備設計者の間にも、状況により大小はあるが権威勾配が存在する。請負関係がある場合はこの勾配はより大きくなる。したがって建築計画・設計に起因するトラブル・不具合情報は上に上がりにくいのである。

　筆者の場合は、はじめての現場の所長から「君たちは技術のことでは、ゼネコンやデベロッパとけんかしてもかまわない」と言われたが、昨今のトラブル状況からみると、設備技術者の主張も不足しているが、建築設計者の権威勾配も大きいように思われる。施工者がトラブル情報を上に上げても「…だからお前の所を施工業者に推薦したんじゃないか」といわれ取り合ってもらえない雰囲気もある。

　「あの時もっと強く主張しておけばよかった」という経験のない設備屋（設計者・施工者）はほとんどいないであろう。また、「あの時設備屋の言うとおりにしておけばよかった」という反省点のない建築設計者も少なくないと思われる。

　とりあえずは、少なくとも設計事務所の若手意匠・設備・構造設計担当者を「先生」と呼ぶ風潮だけはやめにしたい。「先生」と呼ばれる前に学ばなければならないことは山ほどあるはずだから。

（3）　技術の狭間にトラブルは起きる

　通常のものづくりの現場では専門の違ういろいろな分野の技術者が参画し分担してまとめていく。この場合、おのおのの専門の違いにより、各技術間に狭間（隙間）が生じやすい。隙間が生じればトラブルにつながるのは、どの工業製品でも同じであるが、建築の場合はこの傾向が強いようである。

　建築の計画・設計の分野に関していえば、チームリーダまたはプロジェクトマネージャの姿勢の違いもある。建築設計者はデザイナなのか、コーディネータなのか、がよく議論されるが、一緒に仕事をするパートナにとってはコーディネータであるほうが望ましい。現役時代の会社でも設備や構造のスタッフに評判の良い建築設計者は、面倒見の良い方々であった。

さてこれを図示すると、望ましい形は、各分野の技術者が関連する他の分野に関しても、自分の業務範囲と考えて一歩踏み込んだ姿勢でいる場合である。この場合はお互いにカバーしあうような形となるので、隙間は生じない。

建築設計者は建築設計すべてに責任あるが、**図4-5**では建築・意匠の専門家に位置づけてある。

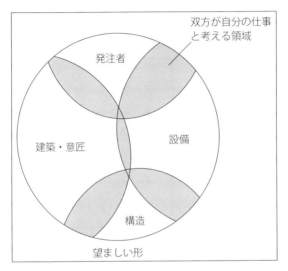

図4-5　各分野の望ましい関係
（出典：「建築技術」2009年8月号）

トラブルが発生しやすいのは、おのおのの技術者が専門分野のからに閉じこもって、誰もやらない領域が生じる場合である。

建築計画の段階では、建築設計者と設備・構造技術者との業務分担の境界が明確でないことが多く、「あいつがやってくれるだろう」ということで、**図4-6**のように狭間が生じることが多い。

建築の計画から使われるまでは、多種多様な技術者が介在し、情報断絶と「報・練・相」の不足はいたるところに発生する。したがっておのおのの技術者が自分の専門分野にこもってしまった場合は、図4-6のように、関連する他の分野との間に技術の狭間が生じトラブル・不具合が

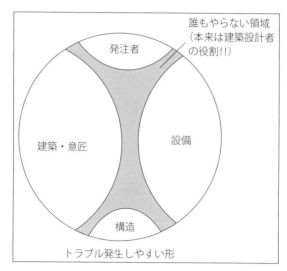

図4-6　トラブルになりやすい関係
（出典：「建築技術」2009年8月号）

発生しやすい。「設備」というと、別な世界の仕事ととらえている建築設計者が多いが、設計に関しては建築基準法上はすべての責任は一級建築士にあり、建築設計者はこの狭間を埋める役割を求められていることを忘れてはいけない。

4-6 技術の狭間はどこに生じるか

　建築設計における設計の分担区分、工事区分から技術の狭間が生じやすい分野をあげてみると、トラブルやクレームの多く発生する分野に集まっているのがおもしろい。

（1）　雨排水処理のトラブル

　屋上や各階バルコニーのルーフドレインの配置計画および雨排水立て管の計画・設計は建築設計者が行う。これを雨水ますでつないで敷地外部に排出するのは設備設計者での業務範囲である。敷地内の排水計画も

同様に建築設計者が計画を行い、グレーチングや側溝で集められた雨水は、屋根からの雨排水と合わせ設備設計者が排水計画・設計を行う。大規模な開発計画などでは、土木設計者が敷地排水計画を行う。この間に、技術の狭間がありトラブルが発生する。

集中豪雨時や河川の氾濫時に、外部からの浸水への対処の仕方にも狭間がある。それほどの豪雨時でなくても浸水の事例はたくさんある。何も対応しないのは問題外であるが、自分の分野である建築だけで対応を考えると狭間が生じる。排水管からの逆流という別ルートからの浸水トラブルを知らなかったということもあるが、設計条件として設備技術者に対応を求めておくことが望ましい形である。

(2) 換気設備のトラブル

一般ビルの場合は、換気設備に関しては計画・設計は設備技術者に任されているから、技術の狭間は発生しない。マンションの場合でも、設備設計者が関与する場合は厨房・浴室・便所の排気の設計と居室の機械換気が責任範囲であるから、換気レジスタ・ガラリなど建築設計に要求するものに落ちはすくない。しかし、高気密サッシの採用（＝気密度の向上）という要因が設備設計者に伝わっていなければ、狭間が発生し、後述するようなトラブルとなる。

マンション・住宅設計において設備設計者が関与しない場合は、建築設計者が換気計画を行わなければならないから、この部分が狭間というより空白となってしまう。一応24時間換気計画はメーカに依頼、レンジフードは厨房機器メーカに任せることは可能であるが、建築設計者が換気レジスタの選定のみ行うといったケースでは、技術レベルの問題もあって狭間が発生しやすいのは当然である。

FE型湯沸かし器トラブルの発生も、気密度と換気設備に深く関係しており、技術の狭間で人身事故が生じたケースに該当すると考えられる。

(3) 音のトラブル

　音に関する不具合・トラブルの発生は、建物や設備に対して本来要求される機能の範囲外にある。もちろん、機器類の音や振動が大きくてよいわけはないから、設備設計者は防震架台・防震吊り具などの対応を行っているが、建築設計者は設備で対応すれば問題なかろうと、ポンプ室の上に寝室を配置したトラブル事例がある。これぞ技術の狭間である。

　設備機械室と他の部屋との配置関係は設備設計者がカバーするケースが多いが、設備との関係が少ない部屋の配置計画には設備設計者が関与せず、技術の空白によりトラブルが発生しやすい。ホテルやリゾート施設で、最上階にプールや飲食店厨房を配置するような事例である。

(4) デザイン偏重に伴うトラブル

　デザイン偏重によるトラブルはいろいろな形で設備トラブルに関係する。吹出し口や、カセットエアコンの不適切な配置による暑い・寒いのトラブルは多いし、ガラリの配置や大きさは近隣への騒音トラブル、臭気トラブルにつながる。最近はビルマルチエアコン室外機を囲ったため、冷房時の室外機排気のショートカットによる運転停止トラブルが多い。この場合はトラブルよりも、アンチ省エネルギー運転が問題である（後述）。

　また、別途工事で設備技術者が関与しない場合も、建築設計者対メーカという関係となって技術の狭間が発生しやすい。

第5章

建築計画・設計に伴う設備トラブル事例

　建築設備の3大トラブルのうち「音のトラブル」、「暑い寒いのトラブル」はいずれも建築計画・設計に関わり合いが深い。エンジニアリングトラブルである漏水関連トラブルでも、雨水のトラブルに関して建築計画に関係がある。数多くある設備のトラブル・クレーム事例のうちから、建築計画関連トラブル事例をあげたほか、エンジニアリングトラブルのうち『マサカ』と思われるトラブルも紹介した。

1 音のトラブル
（建物内部および周辺への影響）

　建築物における、音に対する要求レベルは日本建築学会より「建築物の遮音性能基準と設計指針」に、録音スタジオや音楽ホールなどの厳しいレベルから、住居・ホテル客室、事務所ビル応接室・事務室などまでの騒音レベルが示されている。

　基本的には、人間の生活空間が静寂であることは望ましいが、建物内には設備機器類をはじめとして、騒音を発生させる装置・機器類が設置されている。建物使用者から発生する生活音も存在する。建物の外部からの騒音も防ぐ必要があるし、建物から外部への騒音もトラブル要因である。

　これら音のトラブルは、建築設備の3大トラブルの内で建築計画・設計とのかかわり合いがもっとも深い。騒音の発生はあらかじめ予測されることであるが、居室にどのような影響があるかは事前のテストや検証は基本的に不可能である。したがって、騒音源は基本的には生活空間から離れて配置計画されることがのぞましい。特に音楽ホールなど騒音レベル要求の高い建物の場合は、計画の当初から騒音に配慮した建築計画・設計が行われている。また、超高層ビルで中間階に熱源機械室などを設ける場合は、構造的配慮も行われている。

　しかし一般建築物の場合は、騒音源とその影響に対する認識不足と配慮不足が、騒音に関する建築計画トラブルにつながることが多い。特に集合住宅では、24時間使用されること、最近の住人は我慢しないこと

を考慮し、建築計画にあたっては、以下に示す騒音発生要因に配慮し、トラブル事例を参考にしていただきたい。

なお、騒音発生・伝達のしくみの理解には学芸出版社発行の「建築と音のトラブル」が参考になる。この書は建築設計者・設備設計者必読の書といえる。

1-1 建物入居者・使用者に影響のある騒音

(1) 建物内で発生する騒音
①音の出る諸室からの発生騒音：コンサートホール、ライブハウス、音楽練習室、カラオケルーム、エアロビクススタジオ、プール、泡風呂、厨房、スカイレストランなど。
②設備機器類およびダクト、配管および付属部材から発生する騒音
③建築関係機器類から発生する騒音：エレベータ、出入り口自動扉、スライディングウォール、電動シャッタ、立体駐車場、地下機械式駐車場、駐輪機。
④一般居室からの生活音：排泄、入浴、炊事、掃除、洗濯時の音、ドア・引き戸開閉音、話し声、テレビの音、子供の運動。

(2) 建物外からの騒音
①鉄道、道路車両、ヘリコプタ、宣伝カー、地域連絡情報施設からの連絡事項（騒音ではないが）。

(3) 建築物から外部近隣に影響する騒音（室内にも影響ある）
①屋上設置機器類からの騒音：冷却塔、空冷ヒートポンプ、エアコン室外機、屋外キュビクルなど。
②地上または1階設置機器類からの騒音：屋上設置機器類の他に屋外設置受水槽およびポンプ、車出入り口のシャッタおよび車出入庫警報（この場合は赤色の警報ランプもトラブルとなる）など。

1 音のトラブル（建物内部および周辺への影響）

第5章

③外壁ガラリからの騒音。
④煙突からの騒音。
⑤騒音発生諸室からの騒音。

❶-❷ 騒音に配慮した建築計画

　設備関連も含めて、上記の騒音に対する建築計画上の配慮項目をあげる。

（1）平面計画

①騒音発生諸室は、できるだけ一般居室に隣接させずに、間に廊下・倉庫など緩衝室を設ける。
②設備機械室だけでなく、PS/DSも騒音源となることを忘れてはいけない。マンションでは、夜間の暗騒音が低いのでトラブルになりやすい。特に排水竪管シャフトは遮音措置をしてあっても、居室（寝室）に面して配置してはいけない。物入れの奥などに配置する。
③狭いDSの場合は、各階でのダクトの分岐取出し、展開に無理が生じ騒音源となりやすい。
④各階の空調機械室も同様に消音装置、ダクト分岐・展開などでスペースを必要とする。メンテスペースも必要である。**平面的に空調機が納まっていればよいというわけではない。**
⑤マンションにおいては、厨房、浴室など生活音の発生が大きな部屋は、隣の住戸の居室（寝室）と隣り合わせにしない。
⑥排気ガラリの後ろ側には、ダクト接続用のチャンバ、消音装置などが必要なので、排気シャフトより大きなスペースが必要である。
⑦ガラリ＋排気ファンスペースの場合は、偏流による騒音発生を防ぐためファンからの適切な離隔距離が必要である。

(2) 断面計画

①騒音発生諸室を一般居室の上層階、下層階に直接配置させない。やむを得ない場合は、二重床や浮き床構造とする。当然、階高、絶対高への配慮が必要であり、基本計画時に対応しておくべきことである。

②梁下をダクトが展開する場合の梁下スペースも重要である。アスペクト比（縦横比）の大きなダクト（薄べったいダクト）は騒音源となるだけでなく、風量不足という室内環境へのトラブルにつながる。

③基本計画時の断面計画図は、スケッチ程度のものでよいから早めに設備設計者に渡してチェックしてもらうことが、トラブル防止の近道である。

④マンションにおいては、水回りや玄関、外廊下の下の階には居室（寝室）を配置しない。斜線制限でセットバックする場合は特に注意が必要である。

(3) 立面計画

①外壁ガラリをどちら側に設けるかは、近隣への騒音に配慮する必要がある。特に隣接マンションの居室側にガラリを設けてはいけない。

②外壁ガラリからの厨房排気は騒音だけでなく、近隣への臭気トラブルにも関連する。

③隣接建物から騒音発生の恐れのある場合は、そちら側に開口は設けない。

④これらの配慮は、当然平面計画にも反映されていなくてはいけない。

1-3 音に関する建築計画・設計トラブルとエンジニアリングトラブルとの区分

建築的に上記のような配慮がなされているにもかかわらず、騒音トラブルが発生した場合は通常は設備設計の責任であり、エンジニアリングトラブルとみなすことになる。

1 音のトラブル（建物内部および周辺への影響）

第5章

　上記の配慮がなされていない場合は、設備の防音処置では対処できないことが多い。この場合の騒音トラブルは建築計画・設計関連トラブルである。その概要は以下のような不適切な計画が原因といえる。

① 不適切な配置計画：設備機械室・電気室の配置（居室に隣接、上下配置しない）。防音・防振措置の配慮。ガラリ類の方向（隣接マンションに向けない）と大きさ（小さいと風速が早くなり風切音発生）。排気ファンルームの大きさ（消音装置スペースの有無）。マンション住戸ユニット内のパイプシャフトの位置。
② 不適切なルート計画：シャフト類の位置と大きさ、シャフトの防音措置の不備。
③ 不適切な端末計画：ガラリ・吹出し口類の大きさ、不適切な点検口・改め口配置。

❶-❹ 騒音基準値への考察

　拙著「建築設備トラブル『マサカ』の話」では、騒音トラブルの項のサブタイトルを**「静かなところで音は際立つ」**とした。なぜなら、マンションでは上記建築学会の基準を満たしていても、騒音トラブルとなる事例が多いからである。その理由はサッシの気密性向上に伴う暗騒音の低下にある。建設場所にもよるが、夜間のマンション居室内暗騒音レベルは25dBA以下になるところもある。したがって、集合住宅居室の基準騒音レベル（1級）の35dBAを満足していても、暗騒音＋10dBAとなるのでクレーム・トラブルの種となる。

　筆者の個人的感覚では、暗騒音＋5dBAの場合は騒音の発生に気が付くし、＋10dBAではうるさく感じる。この場合は、冷蔵庫の音も耳につくし、水栓の締りが悪い場合のポタポタ音も聞こえることがあるが、自宅での発生音であるから問題とはならない。

　最近のマンションでは気密度が高くなってきており、それに伴って夜間の暗騒音がコンサートホール並みに低くなっている。したがって以前

は気が付かなかったような音でも気になるようになる。特別な配慮が必要である。

　在室者の個人的感覚に左右されるマンション居室やホテル客室の騒音レベルの基準は、トラブル防止のためには騒音基準値は暗騒音＋3〜4dBA程度とした方が良いのではないか。ということで騒音設備に関する下記の常識を身に付けておいてほしい。

❶-❺ 騒音トラブルに関する常識

①静かなところで音は際立つ。
　一般の事務所ビルでも、夜になって社員が少なくなると、今まで聞こえなかったエアコンの音が聞こえてくるように、静かになると暗騒音に隠されていた音が聞こえてくる。
②郊外や住宅地での夜間の暗騒音はきわめて低い。
　したがって、コンサートホール並みの騒音配慮が必要である。
③窓サッシのグレードが上がると、暗騒音が下がる。
　エコ改修で、暗騒音が下がると、今まで聞こえなかった音が聞こえるようになる。マンションリニューアルでサッシのグレードを上げたら、上階の小便行為の音が聞こえるようになったというトラブルもある。

❶-❻ 騒音トラブルの事例と対策

　騒音トラブルは影響の及ぼす範囲が建物の種類によって異なる。したがって騒音配慮設計は、配慮して計画・設計したにもかかわらず、トラブルになってしまうことがよくある。特に集合住宅では気密度が高くなった結果、室内の暗騒音が下がり、従来は聞こえなかったような音が聞こえてトラブルになる。郊外に建つ老人ホームも同様である。
　騒音トラブルへの配慮すべき建物は、音楽ホールなど騒音要求レベルの高い建物であるが、最近は上記の建物への配慮も必要である。特に高

1 音のトラブル（建物内部および周辺への影響）

第5章

額分譲物件は購入者の要求レベルが高い。機器類では、24時間運転機器が要注意である。夜になると周辺の暗騒音が低くなり、日中は気にならなかったような音がトラブルの種になる。24時間空調の建物の冷却塔や室外機、冷凍冷蔵庫の冷却塔や室外気、24時間運転の送排風機ガラリからの騒音などである。

1 シャンデリアのきしみ音
マサカ

図5-1-1　コンサートホールのシャンデリア騒音

　熱膨張による騒音は、マンション・住宅の給排水・給湯設備で冬期に発生する。寒冷地では外気取入れダクトからも発生する。いずれも配管・ダクトと建築部材が接していたため、配管・ダクトの伸縮により競り合ったための騒音である。

　照明器具でもこの現象はある。**図5-1-1**のようにコンサートホール照明に暖められたシャンデリアが、照明を消した際に空調吹出し空気で冷や

され、きしみ音を生じたものである。シャンデリアの設計は建築設計者の業務である（電気のサブコンは知らなかった）。複雑な形状はもちろん、単純な形状のものでも熱的対応には注意して形を決めるべきである。

対策としては形状に手を加えたとのことであったが、しばらくの間は手が付けられず、シャンデリアが点灯されていなかったので、筆者はコンサートに行った際にこのことを知ったのである[9]。

（1）類似事例
①某ホールで、空調の吹出し温度の変化により吹出し口が膨張し異音が発生。
②会議室で、蛍光灯が多数入った照明器具のカバーが膨張して異音の発生[9]。
③マンションの天井で水滴音があり、天井を覗いても何もなく、その後照明器具の笠の熱膨張の音と判明。

（2）コンサートホールでのその他騒音事例
筆者はコンサートにはよく行く。新しいホールやイベント会場などは、建築計画にふれる楽しみもあって機会をみつけては行くようにしている。以下は騒音に関して気が付いた事例である。
①トイレがホールに接しているところもある。近くの客席で大便器フラッシュバルブの流水音が問題となった。
②某ホールでは、後部座席の後ろに大きなガラス開口付きの幼児同伴者用特別室が設けられていたが、ある時、気が付くとこの部屋の扉に鍵がかけられていた。ホール関係者に訊いたら幼児が窓ガラスを叩くので、使わないことにしているとのことであった。
③逆に吸音材の使いすぎで、静かになりすぎ、音を大きくしようとして三味線の糸が切れたという事例もある。
④筆者の友人が実際にコンサートで経験したのは雨排水の音である。壁の近くの席だったので、天井ではなく壁の向こう側から聞こえたとの

1 音のトラブル（建物内部および周辺への影響）

第5章

ことで、パイプシャフト内に雨排水管があったのであろう。いずれにしても特定の座席でのことで、音と雨量の因果関係も限られている。トラブルとなったのかどうかは不明である。

(3) シャンデリアがまぶしい

筆者が地方の某コンサートホールに行った際、席は3階バルコニー席であった。シャンデリアのレベルは、筆者の目の位置より低く、上側に反射する光がまぶしく、オーケストラの一部がよく見えなかった。照明の高さをもっと上げるか、照明器具上部に光が漏れないようにすべきであった。音のトラブルではないが、ここにあげた。

> **コラム**
>
> ◆**女子トイレの数量不足と行列**
>
> かなり以前からコンサートへ出かける女性の方が多くなっている。これによるトラブルは女子トイレでの行列である。著者がよく行くNHKホール1階ロビーのトイレは、以前は男女2カ所づつであったが、かなり前に男子トイレのうち1カ所を女子トイレに変えて、男子用1カ所、女子用3カ所となり、女子トイレの行列はなくなったが、男子トイレに行列ができるようになった。しかし男性は使用時間が短いのでこちらは支障はないようである。
>
> 特定の時間帯に多数の利用者が殺到するのであるから、どこのホールでもトイレに行列ができるのは仕方がない。しかし、地方の某大ホールで、休憩時間の終わりに近くなっても下の階の女子トイレへの階段に長い行列ができているのは気の毒であった。
>
>
>
> 図5-1-2 少ないトイレ

2 マタカ 設備機械室の直上階・直下階に居室を配置したための音のトラブル

　機械室の直上・直下階に隣接して、居室や音の影響を受けてはいけない室をレイアウトしないことは、建築計画の基本である。これによるトラブル事例は典型的な建築計画トラブルといえる。熱源機械室直上のホテル客室での騒音トラブルが古い事例にある。信じられないようなトラブルであるが、昔のサッシは遮音性が低いため室内暗騒音が高く、このような計画をしてしまったものと考えられる[4]。

3 マタカ 天井内に排気ファンを設置して騒音トラブル

　ある老人ホームで便所の排気ファンを、廊下の天井裏に設置、騒音対策は十分に行ったつもりであったが、低周波騒音で眠れないというトラブルになった（図5-1-3参照）[4]。

　対策として、①ファンを消音ボックスに入れた、②天井内にグラスウールの敷き込み、③吊りボルトのダクトからの絶縁、④貫通部の穴埋め、で解決したとのことであるが、本来は騒音の影響の少ないところに機器を配置したいところであるから、建築計画トラブルといえないこともない。しかし、設備で対応できたのだからエンジニアリングトラブルともいえる。

　この事例のように、一般的な騒音トラブルは、建築計画が原因のトラブルであってもエンジニアリング的に解決される事例は多い。したがって建築設計者は、設備で何とかしてくれるだろうという考えに陥りやす

1 音のトラブル（建物内部および周辺への影響）

第5章

い。結果として建築設計者が、トラブル原因が建築計画にあることに思いいたらず、同じような、またはより重大なトラブルに陥りやすい。PDCAサイクルが回っていれば、このような情報は次回の計画に活かされるが、情報伝達がなされていないと同じような事例が再発する（このような事例は建築設計者にはなかなか伝わらない）。

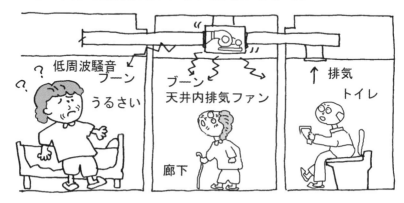

図5-1-3　老人ホームの騒音

4 機械室壁の遮音性能が低かったための騒音トラブル
（マタカ）

①室内許容騒音条件NC-35のホールで、パッケージ型空調機運転時の騒音レベルNC-40（45ホン）でうるさいと言われた（図5-1-4）[4]。
②ダクト系の消音は十分に行ったが、騒音は下がらなかった。空調設備では壁付きガラリにせずに、天井ガラリ＋消音チャンバとして騒音に配慮した。
③空調機械室の壁を遮音性の高いコンクリート壁とせずにブロック造りとしたのが原因であるから、建築計画トラブルといえる。
④対策としては壁の吸音用内装材をはがし、モルタルを塗った。

図5-1-4　遮音性能は大切

5 ホテル客室で配管シャフトからの騒音トラブル

マタカ

　静けさを要求される部屋に、配管シャフトやダクトシャフトを配置したという、典型的なやってはいけない事例である[4]。この場合は冷水器の冷却水配管であって流水量は大きく、流水音も高い。

　この事例では配管の防振支持をやり直し、配管途中にパイプサーレンサを挿入するというエンジニアリング対応を行った。筆者の経験では、客室の廊下を挟んだ向かい側の階段室脇にPSを配置し、騒音トラブルにはならなかったが、ケンドン式点検扉がカタカタ動いた事例がある。この場合は何かを挟んで扉のガタツキを止めた。

　ファンコイルユニット用の冷温水管も客室内PSにあるが、ユニットバスの奥にあること、配管管径が細く流水音も小さいこと、保温材が巻かれていてわずかながら遮音効果があることがトラブルとなっていない

1 音のトラブル（建物内部および周辺への影響）

第5章

要因であろう。なお、排煙設備が規定される以前のホテルでは、客室排気共用ダクトは竪ダクトであってシャフトは隣の部屋に接していたので、相互の室のバス・トイレの音対策が必要であった。

6 隣に空調機室のある店舗売り場の吸込みガラリ騒音トラブル
（マタカ）

大型店舗ビルの売り場をセントラルエアハン方式で空調を行うと、空調機・送風量が大きくなる。送風側は音が出るのはわかっているので、消音ボックスなど取り付け、ダクトも天井内なのでトラブルになることは少ない。レタン側は吸込み風量が大きく、大きな吸込み口やダクトと、空調機やレタンファンとの距離が近く、騒音が大きく聞こえやすい（図5-1-5)[4]。

この事例ではファンの回転数を下げ、ダクト内に消音器を付けたとのことであるが、空調機室内にコンクリートで囲ったレタンチャンバを設けておけば、グラスウール吸音材などの貼付けだけで済んだと思われる。

図5-1-5 吸込みガラリは音が大きい

【**参考事例①**】 事務室上階の便所排水音がシステム天井開口部より聞こえた（**図5-1-6**）[4]。

テナント要望により、事務室上階に便所が設置された。事務室天井はシステム天井であり、天井レタン方式であったため、排水流水音がレタン吸込み口より聞こえてトラブルとなった。これは鉛板の貼付けなどエンジニアリング対応で解決したが、衛生設備技術者は天井の開口にはあまり関心がない。テナント要望があった時点で建築設計者が配慮・指示しておくべきである。

図5-1-6　テナント排水の騒音

【**参考事例②**】 ホテルロビーと機械室が近く、レタンガラリから機械室騒音が聞こえた（**図5-1-7**）[4]。
・レタンガラリの面積は大きく、また、チャンバも鉄板製であるから、機械室の空調機などに対する遮音性は低い。
・このような場合は、吸込みガラリの後ろはコンクリート製のチャンバとし、吸音材の内貼りをしてあれば問題なかったと思われる。設備技術者からの建築への要望事項である。

1 音のトラブル（建物内部および周辺への影響）

第5章

図5-1-7　機械室騒音はガラリを通り抜ける

7 排気ガラリからの騒音

マタカ

　排気ガラリは近隣トラブルの原因になりやすい。ルーバの断面形状にもよるが、低速・均一の面風速で吐出される場合は、排気ガラリからの騒音は一般的にはトラブルとはならない。トラブルとなるのは排気ファンやダクトのレイアウトにより偏流が生じ、ガラリの一部の排気風速が

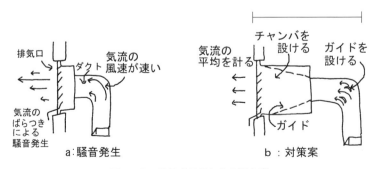

図5-1-8　排気ガラリからの騒音①

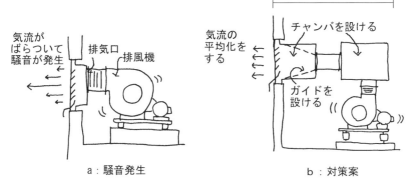

図5-1-9　排気ガラリからの騒音②

大きくなって、風切音が発生する場合である（**図5-1-8、5-1-9**）。

　排気ファンからガラリまでの距離が短いと、上記偏流による騒音だけでなく、ファンの運転音が直接外部に影響を与える。建築設備設計者が建築設計者に伝達するガラリ面積は、風が通過する部分の有効率を60～70％程度としている。したがって、特殊なルーバ形状により有効率が落ちる場合は、ガラリ面積を大きくする必要がある[11]。

8　ガラリルーバの形状変更による騒音トラブル

マタカ

①某ホテルの屋上ペントハウスに設置された排気ガラリは、設計時点では鉄板製であった。建築施工業者には、ガラリ面積と有効率を指示した。施工段階でガラリはアルミ製となり、外形寸法は同じであったので有効率が大幅に小さなものが取り付けられた。

②排気騒音は大きかったが、排気側隣地は鉄道敷地であり、その先は大学の広いキャンパスであったので、特に対策は行わなかった（データは取ってなかった）。

1 音のトラブル（建物内部および周辺への影響）

第5章

③数年後、約100m先の大学の教室からの「うるさい!」というクレームにより、ガラリのルーバを外し、フードを取り付けた（**図5-1-10**）。

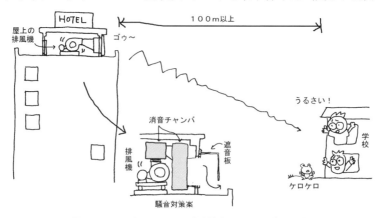

図5-1-10　ガラリのルーバ形状変更でトラブル発生

9 ガラリの向きは近隣に注意
（マサカ）

某市街地に建つ商業ビルは、建設地の前面路側は商業地域であったが、裏側は住居地域であった。各階空調機室は裏側に配置されたので、外気取入れガラリと、屋上の排気ガラリは住居地域に向かうこととなった。[9]
①給気ガラリの騒音は問題にならなかったが、排気ガラリの騒音が遠く離れた住人からのクレームとなった。
②屋上ファンルームのスペースに余裕があったので、消音装置を取り付けることで対応した。

これはエンジニアリングトラブルと言えるであろうが参考にあげた（類似事例も同様）

類似事例：ガラリの向きはマンションに注意

ショッピングセンタの排気ガラリがマンションに面しており、距離はあったが騒音トラブルになったとのことである（図5-1-11）。

類似事例：ダクトの排気口の向きは民家に向けない

6階建工場の屋上に設置されたスクラバー（排気中に含まれる有害ガスの処理装置）の夜間運転のため、近隣住民よりクレーム発生した。排気ダクト開口部は民家側に向いていたため、視覚的にも問題があった。ダクト開口の向きを変えた。

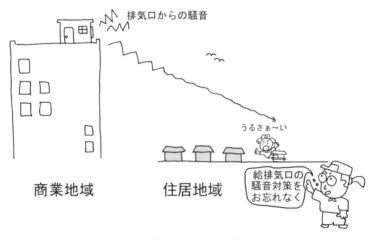

図5-1-11　排気口の向きは近隣に注意

その他の建築計画トラブルとしては以下のようなものがある。

10 無梁版構造のスラブにエアコンを吊って床振動発生
マサカ　マタカ

原因はエアコンファンの固有振動数と、床版の固有振動数が合致したためであるから。エアコンの吊ボルト防振材では振動は取り切れない[2]。したがって、これは建築計画トラブル（無梁版構造の採用）といえる。

1 音のトラブル（建物内部および周辺への影響）

第5章

11 屋上設置冷却塔騒音に近隣住民クレーム

マタカ

　初期の冷却塔は騒音がトラブルの原因となった。最近は低騒音型・超低騒音型の冷却塔もあるが、設置に際しては近隣への配慮が必要である。空冷ヒートポンプ、冷蔵庫・冷凍庫室外機の設置も同様である。

①-7 マンションの騒音トラブル事例と対策

　住宅産業がクレーム産業と呼ばれている背景にはトラブル・不具合に対するユーザと事業者側（設計者、施工者を含む）の認識の差の違いがある。

　住宅・マンションでは、365日・24時間生活することにより不具合が見つかりやすく、それらトラブル・不具合が生活に直結している。その上、高額商品のためユーザ側の品質に対する要求が高く、「品質に関するユーザと事業者側の認識の差」よりクレームが生じるのである。

　「音環境」は、マンション購入希望者がもっとも要求の高い項目である。住宅の高気密傾向により、暗騒音が非常に低くなっていることに留意した建築計画・設計が必要である。マンション騒音トラブルで最も特徴的なことは、「同じ音でも感じ方に個人差がある」ことと、「一度気になると、多少の対策で減音しても効果が感じられない」ことである

(1) マンション設備騒音の種類

①設備関係機器類運転騒音：給水・排水ポンプ、浄化槽など水処理装置、噴水用ポンプ、噴水・池などのろ過機、24時間風呂、ジャグジ、換気扇・給排気ファン、エアコン、駐車機械、駐車場出入り口警報（赤ランプも近隣へのトラブルになる）、電動ドア、エレベータなど

②家電製品運転音：冷蔵庫、洗濯機、乾燥機、食器洗浄機、ディスポーザなど（外国製品は音が大きい）
③流水音：給水管、排水管、雨水管、水栓類
④器具類操作・作動時の発生騒音：ボールタップ、自動弁類、シングルレバーなど水栓類（ウォータハンマ音）、大便器洗浄音
⑤風による音：避雷針、テレビアンテナ、手すり
⑥その他：小便行為音、配管膨張・収縮時きしみ音（給水・給湯・排水）、照明器具点滅・点燈時きしみ音、入浴時発生音、共用廊下・玄関ホール歩行音（高級マンションで床タイルを用いる場合は要注意）、郵便受け開閉音、駐輪機・自転車の操作音（これらが上階に聞こえる）、生活音

（2）建築計画関連騒音トラブル

①浄化槽の曝気音
　・マンション地階に設置された浄化槽の曝気音が、コンクリート躯体に伝わり、住戸でトラブルとなった。類似事例として、高級マンション1階に設けた噴水の水音がトラブルになった事例がある。
　・いずれの場合も躯体にスタイロフォーム板を貼って騒音を止めた。
②外部に設置された受水槽のポンプ騒音
　・小規模マンションで。受水槽室を設けず、ポンプ室一体型の受水槽を外部に設置し、竣工後受水槽脇の家からうるさいと相談があった。
　・対策としては、ポンプ室のガラリに防音処置を行うようアドバイスした。暗騒音の低い住宅地では音の出る機械・装置の屋外設置は要注意である。
③無梁版構造では音は減衰しない。
　・マンションでも大スパン・無梁版構造は音を伝えやすい。同じ平面プランでも、水まわりに小梁があるかないかで音の減衰量が数デシベル違い、離れた寝室に上階の浴室の音や、小便行為音など

1 音のトラブル（建物内部および周辺への影響）

第5章

が伝わる。
④給湯機のポンプ運転音のトラブル
- 某マンションで、ガス給湯器が隣の住戸の外壁に取り付けられたが、追い炊きポンプの運転音が隣戸に響いてトラブルとなった。

⑤エコキュートの騒音トラブル
- 夜間電力利用のヒートポンプ給湯システムを運転してお湯をつくるエコキュートシステムは、省エネ性の高い給湯システムとして普及しているが、夜間運転時の低周波騒音トラブルが問題となっている（消費者事故調が報告書を公表している）。

⑥防水層貫通配管の騒音トラブル
- 某高級マンションでは寝室に付属してトイレとシャワーブースが設置され、この部分の床下配管はスラブを下げてピット状にしてあった。
- このピットを防水処置したため、排水管は躯体にコーキングを行った。
- そのため、ご老人が朝早くトイレを使用する音が下の階に響いた。
- シャワーブースはユニットタイプで躯体防水処置は不要であった。

⑦その他の留意事項
- 隣の住戸の生活音：厨房や、浴室など音の出る部屋は隣の住戸の寝室と隣り合わせになるような配置としない。
- 排水竪管は寝室側に配置せず、クローゼット、物入れなどの奥に設置する。

(3) 騒音エンジニアリングトラブル

①受水槽給水音がうるさい
- 受水槽に給水される際は水の流れるシャーという音と、定水位弁により水が止まるときのキューという高音が発生する。通常受水槽室に設置されていれば問題はない。
- 屋外設置受水槽受水槽脇の住人からトラブル相談事例があった。

- 減圧弁を設置して給水圧を低くするか、電磁弁を設置して夜間の給水停止を行うかを提案した。建築計画トラブルでもある。

② ウォータハンマ
- シングルレバー水栓の普及とともに、このトラブル増加の傾向にある。
- 発生の程度は水栓の操作によって違うので、マンションの取扱説明書には、シングルレバーをゆっくり操作するようお願いしている。
- 水圧が高すぎる場合は、ウォータハンマ防止器を設置すれば解決する。
- 給水圧が高い地域では、戸建て住宅でもウォータハンマが発生する。

③ 減圧弁の故障
- マンションでは水圧を一定にするため、配管系に減圧弁を設置しているが、これの故障で、騒音の発生や水の出すぎトラブルも起きる。

④ 配管類の熱膨張による不思議音(マンション設備のポルターガイスト)
- 給水・給湯・排水管類は中に流れる水により熱膨張・熱収縮を起こす。
- 配管類の固定金具の締め付け具合や、天井・床材との接触の程度により、熱膨張・熱収縮時にコツコツ音、ポタポタ音が発生する。
- 電灯の傘の膨張でポタポタ音が出た場合もある。

⑤ 避雷針の騒音
- 最近は、避雷針は屋上スラブに直接設置されることが多い。
- 強風時にカルマン渦により音鳴りが発生、避雷針がスラブ上に設置されていたためスラブが振動し、騒音トラブルとなったが、このような騒音源・振動源は柱や大梁の上に設置すれば振動は吸収される。

1 音のトラブル（建物内部および周辺への影響）

第5章

（4）マンションリニューアルによる騒音トラブルの発生

①リニューアルでひどくなったポンプの騒音
- 受水槽室（ポンプ室）直上階住戸からの相談事例である。
- 経年劣化により、圧力タンク方式をインバータ式のポンプに変更し1000Hz近辺の音（キーンという音）が響くようになった。
- 給水配管系の騒音対策は従来のシステムに対応していたが、インバータからの発生騒音には対応していなかった。
- 相談者が電気の技術者であったので、筆者のアドバイスをもとに、施工者と交渉し、防音装置の取り付けなどで何とか対応してもらったとのことである。

②給水システムを変更して騒音トラブル発生
- 高置水槽方式を圧力方式に変更して、ポンプ騒音が発生した。

③サッシをリニューアルして上階の小便音が聞こえるようになった。
- 暗騒音が低くなれば聞こえてくるという典型的な事例である。
- この音は竣工時からあったはずであるが、暗騒音により聞こえていなかったのである。
- 対策としては、上の階の方の便器に遮音シートを敷いてもらった。最近は気密度の向上とともに暗騒音が低くなっており、新築でもこのトラブルが発生していることがわかる。

コラム

◆設備のグレードと経済的トラブル

設計計算書に示されている設備設計条件は機器容量算定用である。示されていないのが「グレード」である。特にペリメータ負荷の処理をどうするかにより、室内環境が大きく変わるのがこまる。またペリメータ系がなくても、室内環境が格段に悪くなるわけではない。建物の状況によって判断が変わる。本来は、エンジニアリングトラブルと建築計画トラブルの他に経済的トラブルを上げるべきであろう。室内環境に関しては、設備にかけるコストいかんがグレードに影響する。コストをかけずに完全を求められてもこまる。

工事費予算は重要である。このシステムではここまでしか対応できませんよなど、計画当初から事業者側に認識していただく必要がある。通常はこの程度は仕方がないと割り切っていただいていることが多い。

2 雨水のトラブル
（浸水と排水管からの逆流）

　拙著「建築設備トラブル『マサカ』の話」は、設備技術者として遭遇した多くのトラブルの中から『マサカ』と思われるものを紹介して、読者諸兄の参考に供したものである。その第1章は「雨による『マサカ』の話」となっている。通常「スムーズに流れている排水管から水が逆流！」という現象は、空調設備技術者であった筆者にとってある意味『マサカ』というより衝撃的であるので、最初の章に上げたのである。

　しかし最近は集中豪雨・ゲリラ豪雨の頻発により、このトラブルの発生は『マサカ』というよりは、『マタカ』のレベルにあり、雨水の浸水・排水不良に関するトラブル相談があちこちのインターネットの相談ページで見られる。

　外からの雨水の侵入や逆流・溢水のトラブルは、以下の2つの要因に分けられるが、雨水の浸入には建築計画で対応できることが多い。

（1）集中豪雨・ゲリラ豪雨による道路冠水、内水氾濫によるもの。
（2）建築基準法第19条の不適格によるもの。

　（1）については自然現象であるが、建築的には防水板・止水板などである程度防ぐことは可能である。道路と敷地の間にハンプがないとか、ドライエリアに浸水防止用の立ち上がり壁がないなどの最低限の防止策がない建物も多い。しかし防水板で浸水を防いでも、排水管からの逆流については建築件設計者もその可能性を認識し、設備設計者・技術者に対して注意を促しておく必要がある。

2 雨水のトラブル（浸水と排水管からの逆流）

第5章

(2) については、この条項を満足できない場合の付帯条件（排水設備）の不備が大きな問題であり、逆流だけでなく少しの降雨でも排水設備のトラブルが発生する。

なお、洪水や河川の氾濫の被害も大きいが、大規模氾濫について建築／設備での対応は不可能に近いので本書の対象外とする。

2-1 雨水トラブルに関する諸規定

(1) 建築基準法第19条

この建築基準法19条には、「建築物の敷地は、これに接する道の境より高くなければならず、建築物の地盤面は、これに接する周囲の土地より高くなければならない。ただし、敷地内の排水に支障がない場合又は建築物の用途により防湿の必要がない場合においては、この限りでない」とある。この規定は衛生上の問題だけでなく、降雨時に周辺の水が敷地内に流入することを防ぐためである。したがって、この条件を満足できない敷地の場合は、＜敷地内の排水に支障がない場合＞という但し書きで対応しているが、集中豪雨時には「敷地内排水に支障が生じる」のが問題である。

マンションなどでは、地下駐車場車路からの浸水で愛車が浸かったなどのトラブル事例が多い。建築設計者の中には、雨水の浸水に対しては排水ポンプで対応できると考えている方がおられるのが困る。敷地に雨水が浸水するのは道路冠水時のことである。町中の雨の流入に対応できるはずはないし、排出先はすでに水に浸っているのである。

雨水の浸水に関するトラブルに関しては、事業者側は公共下水の対応不備を理由に「想定外の雨量」ということで対応に逃げ腰であるが、止水板がないための浸水の場合は「敷地内の排水に支障がある」のであるから、シビアに言えば建築基準法不適合である。したがって**浸水防止に関しては、建築設計者が配慮すべきこと**である。

(2) 東京都下水道条例施工規定

平成6年、土地の有効利用を図るため住宅の地下室の一部を容積率に算入しないでよいようになったため、地下居室のある住宅が多く建設されるようになった。一方、地下および半地下住宅における、雨水の流入の危険性に対する認識不足のため、地下居室が浸水、水没する事故が多発した。

東京都の下水道局では逆流や浸水防止のため、以下のような条例を定めている。

①東京都下水道条例施工規定（ポンプ施設）

第5条　地下室その他下水の自然流下が十分でない場所における排水は、ポンプ施設を設けてしなければならない。
　　　　前記のポンプ施設は、下水が逆流しないような構造のものでなければならない。

これを図示すると図5-2-1、5-2-2のようになる。

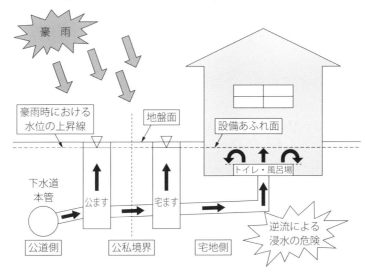

（出典：「東京都排水設備要項」東京都下水道局平成18年3月）

図5-2-1　半地下屋敷と浸水被害

2 雨水のトラブル（浸水と排水管からの逆流）

第5章

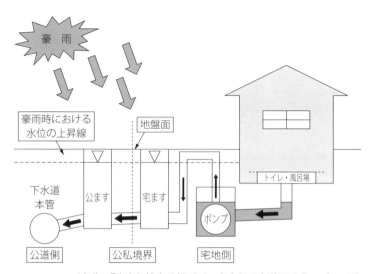

（出典：「東京都排水設備要項」東京都下水道局平成18年3月）
図5-2-2　浸水被害の防止（ポンプ設置の場合）

　このような状況については、各自治体では住民に対しホームページなどで浸水の危険について情報開示しているが、図5-2-1のような公共下水管からの逆流については説明不足のものもある。戸建て住宅の場合は、①図5-2-1の水回りの排水口にボロ布を詰めるとか、水嚢（すいのう）で蓋をするとかの対応も可能であるが、留守の場合や就寝中の豪雨には対応できない。マンションの半地下住宅で公共下水に直結排水の場合は、少量の雨でも公共下水が満流状態になることがあり、マンション上階からの排水が最下階（半地下1階）の水場で噴出する。GL以下の排水はポンプアップ排水としなければならない（トラブル事例4参照）。

（3）雨水排水に関する流出抑制と事前協議

　全国各地で進む急速な都市化・市街地により、各地の公共下水の容量は集中豪雨に対応することが難しくなってきている。その状況はゲリラ豪雨時の内水氾濫やマンホールの吹上げなどについてテレビなどで報道されている。したがって各地の行政では、開発や建設に際しては敷地の

雨排水に対していろいろな規制や指導が行われており、敷地・建物の規模により排水に関する事前協議を行うよう定められている。

　基本的には、敷地外への雨水の流出を少しでも防ごうという趣旨である。公共下水のないところで大規模開発（開発行為となることが多い）を行う場合は、大きな雨水貯留浸透槽利用による敷地内処理を、公共下水のあるところで建物を計画する場合は、雨水貯留槽を設けて流出規制を求められる、などである。

　雨水貯留槽を設けない程度の小規模ビルの場合でも、敷地内埋設雨水排水には有孔管や浸透ますを用いることを指導される場合がある。

　いずれにしても敷地面積、建物の規模などにより汚水・雑排水も含めて、行政の所轄部門との事前協議が必要である。

　大きな敷地・建物の場合は、開発行為となることが多く、この場合の雨排水設計は開発設計の一部であるので事前協議と合わせ土木設計者が行う。開発行為でない場合は通常は設備設計者が事前協議を担当するが、設備技術者のいない事務所の場合は建築設計者が行うこともある。敷地面積が小さくても開発行為となる場合がある。

❷-❷ 雨排水設備計画上の問題点―雨水の排出から浸水・逆流防止へ

　雨排水設備の計画には2つの問題点がある。1つはこれの計画設計に関し「技術の狭間」が存在することと、もう1つは、建築設計者、設備設計者とも敷地からの排出のみを考えがちで、外部からの浸水に思いが及ばない傾向があるあるということである。上記の排出抑制も排出方法に関する指導である。

(1) 雨排水計画・設計の分担

　設備計画では、給排水、空調・換気、電気などの各系の計画・設計は同じ技術者が行うのが望ましいが、建物・敷地の雨排水の計画・設計は

2 雨水のトラブル （浸水と排水管からの逆流）

第5章

分野の異なる複数の設計者・技術者が行い、ひとりの技術者（または技術部門）に集約されていない。したがって、雨水排水計画上の技術の狭間は、雨水の集水から排出までを通して計画・設計している設計者・技術者がいないことにある。第4章④-⑥で述べたように「技術の狭間にトラブル」が起こるという典型的な事例である。

① まずは計画地行政との折衝である。事前協議の必要性のチェックとその内容は建築設計者が行うが、事前協議は土木・建築・設備の技術者が個別または共同で行う。

② 建物および敷地の規模により、地域によっては雨排水の敷地内浸透や、雨水貯留槽の設置を求められることがある。

③ 敷地（外構）全体の雨排水計画（流入防止も）
- 土木技術者 が関与する場合：敷地の排水計画および浸透槽の設計すべてを行う。
- 土木技術者が関与しない場合： 建築設計者 が最大雨水量の想定。（行政の指導がある場合もある）さらに外構計画に応じて、雨排水側溝や雨水集水桝の配置計画と大きさの選定。
- 設備設計者 が上記側溝や集水ますの雨水量に応じ、建物雨排水竪管の雨水も合流し、排水管にて敷地外に排出。

④ 建物内に雨水貯留槽を設ける場合
建築設計者 ・ 設備設計者 が協力して貯留槽の設計を行う。

⑤ 屋上・バルコニー雨排水：
- 建築設計者 ：最大雨水量の想定（行政の指導がある場合もある）、屋上・バルコニールーフドレイン（以後RDと略）の選定と配置計画、雨排水竪管の設計（配管サイズの決定と、竪管の配置）、ドライエリアが設置された場合の雨水排水計画（地下ピットに落とすのが一般的）
- 設備設計者 ：上記竪管および貯留槽からの雨水の敷地外への排水、浸透管を用いる場合の浸透設計

(2) 敷地への雨水浸水の認識不足と集中豪雨対応設計の不備

　昔の雨排水設計は、建物・敷地に降った雨をいかにトラブルなく排出するかであったが、現在はこれに雨水流出抑制対応設計が加わったことになる。敷地雨水量の算定から浸透槽の配置・設計、雨水貯留槽の配置・設計・排出方法にいたるまで、新しい分野の仕事といえるが、浸透槽・貯留槽を設置することになっても、基本的には雨水を敷地外に排出することに変わりはないので、従来の雨排水技術の延長といえる。

　しかし、雨水の流出抑制は何のためにあるのかを考えたら、豪雨時の外部からの浸水に配慮しなければいけない。地表の水は目に見えるから、土嚢や止水板の設置は思いつくが、公共下水配管からの逆流は目に見えないから気が付かないことが多い。

　以下にあげる事例では、半地下および、やや地下マンションにおいて、建築設計者・設備技術者の配慮不足が多く見られる。この原因としては、経験知の不足、まれな再現性（最近は頻発しているが）、原理原則がわかっていないことにある。

　建築工学・設備工学は経験工学の要素が大きいので、再現性の多いトラブルの場合はすぐに経験値となって次の設計に活かされるが、再現性の少ない浸水事故の場合は、経験の蓄積ができない。以下の事例を参考にしていただくほかに、「水は高きより、低きに流れる」、「先が詰まれ

> **コラム**
>
> **◆コンサートホールワインコーナーの混雑**
> 　ワインコーナーへの入り口部分が飲み物の売り場で、奥が立ち飲み（テーブル付）場所というレイアウトになっていて、入口部が大混雑という地方の有名ホールもある。また売り場、ホワイエ、トイレへの通路・入り口、上階への階段スペースが1つの空間にあり、飲み物を楽しむ雰囲気ではないような都内のホールもある。さらにワインコーナーが上下どちらかの階となっている場合もある。吹き抜けロビーになっている場合はそれほどではないが、密閉された狭い階段を通る場合は、開演時間が気になって落ち着かない。また小ホールに水飲み場しかない会場や、自動販売機もないところもあり、演奏会を楽しむ雰囲気でないところもある。某市の大ホールでは飲み物コーナーがなく、竣工後にコーナーを作ったようで、仮設で給排水配管が壁沿いに設置されていた。

2 雨水のトラブル（浸水と排水管からの逆流）

第5章

ば手前で溢れる」という給排水設備の常識に配慮して、集中豪雨対応設計を行っていただきたい。

2-3 雨水トラブルの事例と対策

1 集中豪雨時の諸事例
マサカ マタカ

（1）建築的な浸水対策成功事例[9]

　昭和57年秋、台風と満潮により神奈川県某市の河川の氾濫により、道路が冠水した際に、某ビルで外部から直接地下飲食店街に下りる階段入り口に取り付けるよう設計された止水板により、浸水・水没を免れた事例である。別棟駐車場ビル1階の電気室入口も数段上がっていたため水没をまぬがれた。しかし道路を隔てた向かい側にあった他社設計のホテル、大型量販店は、地下の電気室が水没し1カ月間近くの営業停止となった（**図5-2-3**）[9]。

図5-2-3　一時的な浸水対策

(2) 雨水が裏口から浸入する一般事例[9]

　道路が冠水した場合、止水板や土嚢で浸水を防いでも、雨水は排水管から敷地内・建物内に逆流する。表には鍵をかけていても裏口から泥棒に侵入されるようなものである。1階の低い水場（洗濯パン、浴室、出入口のマット排水）は要注意である（**図5-2-4**）。

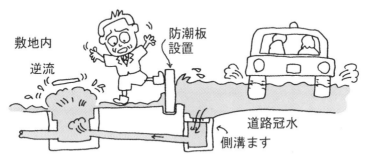

図5-2-4　雨水は裏口から浸水する

(3) 河川の増水と逆流事例[9]

　都内某河川の他の川との合流地点で、集中豪雨により周辺が冠水した事例である。

　コンクリート製の土手から氾濫したのではなく、原因はこの川に流れ込む雨排水管に逆流防止弁がなく、ここからの逆流であった。

　現在この川は拡幅改修され、大きな雨水貯留槽が近くに設けられ、雨排水管にも逆流防止の蓋が取り付けられている。冠水後、この川に面した下流でマンションの設計を行ったが、『敷地の雨水は川に流さない！』ように指導があった。（『マサカの話』参照）河川の近くに計画を行う場合は、土手と道路の関係が**図5-2-5**のようになっている場合は、氾濫しなくても逆流による道路冠水のおそれがあることに留意する。

　筆者の住居近くの川がゲリラ豪雨で氾濫した際に、現地を確認したが、道路冠水対策をしていない建物がたくさんあった。半地下住居もあった。

2 雨水のトラブル（浸水と排水管からの逆流）

第5章

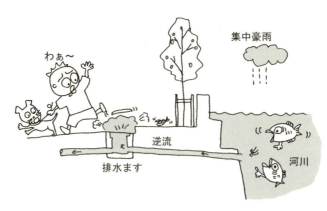

図5-2-5　河川からの逆流

（4）地下1階エアコンからの雨水の逆流[9]

　都心の某ビルで、地下1階のエアコンドレン排水管を屋外の排水ますに直接接続し、道路冠水時に雨水が逆流、溢水した事例である。設計では地下ピット内に落としていたドレン排水を、工事中に外に出したものであった。処置としてはドレン管を設計どおりとした。なお、1階トイレの床の掃除口の周りに水がにじんだとのことであった。

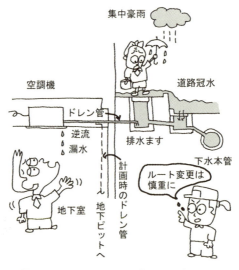

図5-2-6　エアコンドレン管から雨水が逆流

2 雨排水に関する『マサカ』『アワヤ』事例（設計監修物件）

マサカ

(1) 防水板の設置対応をしてある出入り口の脇の壁に開口部（スリット）があった

　某設計監修物件は上記の氾濫河川近くで、玄関は地下1階であったので、設計図チェック時に道路からの出入り口に防水板が設置できるように指示した。しかし竣工時には下記のような状況になっていた。開口部は塞いだ（**図5-2-7**）[9]。

図5-2-7　壁の開口部から浸水のアワヤ

(2) 半地下電気室の出入り口スペースの雨排水対応[9]

　某マンションの中庭に設置された半地下電気室で、出入り口スペースの雨排水配管が、下水本管に直接排水するよう計画されていた。集中豪雨時に雨水が逆流し、電気室水没のおそれがあるため、ピットを設けポンプアップ排水とするよう変更を指示した。もちろん敷地内雨水に対し

2 雨水のトラブル（浸水と排水管からの逆流）

第5章

ては階段部に立ち上がりを設けて流入防止を指示した（図5-2-8）[9]。

図5-2-8　半地下の電気室に浸水のアワヤ

2-4 集中豪雨対応事例と非対応事例

3　出水地域に建設されたマンションの豪雨対応事例

　関東地方某市は1級河川に接し、建設予定地はウォータハザード地域であった。

　計画では1階の床を地盤面より1m以上高くし、地階駐車場への車路はハンプを付けた他に止水装置を付けた。緊急時に対応しやすいように、止水装置はキャンバス製で、日常は車路部分に収まっていて、電動で板状に立ち上るものであった。この操作は管理会社の技術員が行うものとし、管理会社の地域防災センタには、市の防災警報の他に、駐車場下のピットの水位警報も転送することとした（図5-2-9）。

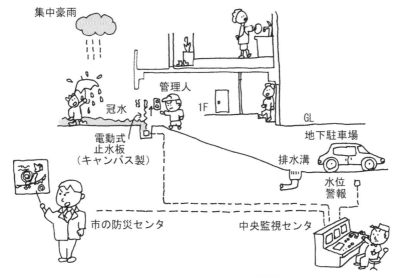

図5-2-9 マンションの豪雨対策例

4 半地下マンションのトラブル

マサカ

(1) 建物概要

①某地に建設された11階建てのマンションは、容積率を最大限利用できるように、1階住居レベルが前面道路レベルより約500mm程度下がっており、入口から1階ロビーに階段で下るようになっていた。

②建設地のウォータハザードマップによる水位は500mmHであったが、止水板は設置されていなかった。

③前面道路から入口までは数十mm上がっていたが、一段上がるなどの浸水対応はなされていなかった。もちろん土嚢などの用意もされていなかった。

④電気設備受変電室、受水槽室は地下1階に設置されていた。

2 雨水のトラブル（浸水と排水管からの逆流）

第5章

（2）排水設備概要

① 1階系統と、上階系統の排水は別系統となって、1階床下で展開・合流して、前面および横の道路の公共下水本管に直接放流されている。

② 雨水は竪管を1階床下でまとめて、最終ますで上記排水と合流し下水本管に直接放流。

③ 公共下水のレベルは、1階の排水および雨排水を自然勾配で十分接続できるような深さであった。

（3）実際に起きたトラブル状況および事業者側の対応

① 竣工後数カ月経過後、降雨時（10mm/h）に下水本管が満流となり（推定）1階の排水最下流住戸洗濯パンで上流からの排水が吹き出した。
事業者側対応は、1階系統と、上階系統の横引き管を通気管で結んだ。

② 数カ月後、降雨時（15mm/時）に今度は便所、台所流しから上階系統の排水・臭気が吹き出した（図5-2-10）。
事業者側対応は、上記通気管に通気口を取り付けた（臭気が地下ピットに漏れた。通気管取付け位置に関する建築基準法告示違反である）。

③ その後の降雨で雨排水の呑み込みが悪く、中庭で屋上からの雨水が溢水、1階エレベータホールに流れ込んだ。エレベータ前に土嚢を並べて、ピットへの雨水流入を防いだ。

④ この程度のトラブルで済んでよかったが、まともに浸水したら変電室、受水槽室が水没する。

（4）抜本的対策

① 上記1階トラブル住戸住人からの相談には筆者が対応していたが、事業者側は上述の対応しか行わず、抜本的対策は行わなかった。

② エレベータホール前への浸水で、管理組合から筆者に相談があった。

③ 以下の抜本的対策を提案、事業者側に対応してもらった。

・1階住戸排水吹出し対応：1階排水系統は直接放流でなく、排水槽を設けポンプアップ排水とする。

・雨排水の対応としては、1階系統雨水排水管の完全な分離はできなかったので、最終ます接続箇所に逆流防止弁（チャッキバルブ）と手動弁を設置した。また、水位警報を設けた。

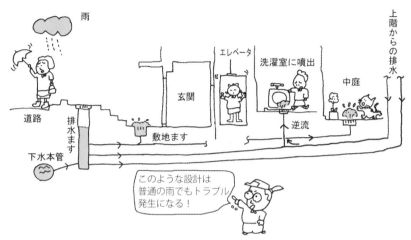

図5-2-10　半地下マンションの1階で降雨時に排水噴出

5 周辺地盤面より低いマンション1階ベランダに雨水が逆流、住戸内に浸水
マタカ

　某マンション1階のベランダは周辺地盤より若干低かった。大雨時に敷地排水管が満水状態となって雨水ますの水位が上昇、当該ベランダの雨水の呑み込みが悪くなり、中間ルーフドレンドレン方式のため、上階の雨水がベランダに溜まって室内に浸水したものである（**図5-2-11**）。

　対策として1階のベランダ排水は単独系統とし、上階からの雨排水は1階での開放を取りやめ、直接雨水ますに接続した[7]。

2 雨水のトラブル（浸水と排水管からの逆流）

第5章

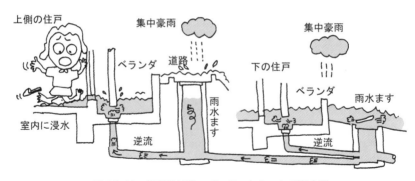

図5-2-11　傾斜地に建っているマンションの浸水例

②-⑤ 通常降雨時の雨水トラブル

　集中豪雨時の浸水は想定外ともいえるが、通常の降雨での浸水被害は困る。建築設計の配慮不足によるトラブル事例をあげる。このトラブルは落葉の季節に発生しやすいが、保守管理頼みでなく、建築設計で対応しておくべきことである。

6 オーバーフロー対策がないためマンション居室に浸水
マタカ

①某リゾートマンションのベランダの雨水排水は中間ルーフドレン排水する構造であったが、落葉のために詰まり上階からの雨水が溜まった[9]。
②オーバーフロー処置がなく、なおかつ留守であったため室内に浸水、被害が大きくなった。
③バルコニーにオーバーフロー対策をしていないマンションは街中によく見かける。水抜き配管があっても、25φ程度の小さな穴では落ち葉などで簡単に詰まる。

建築計画・設計に伴う設備トラブル事例

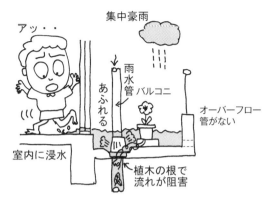

図5-2-12　オーバーフロー管がないためバルコニの雨水が浸水

④ペントハウスが小さい場合は、ルーフドレンが1カ所しか付けない場合がある。

　落葉対策として、2カ所以上設けるべきである。

類似事例：ベランダに植木鉢が多数設置され、植木鉢の底の穴から根が伸びて排水口から雨水竪樋（たてどい）まで入ったため、雨水がベランダに溜まって室内に浸水した（オーバーフローの有無は不明）[7]。

7 マサカ マンション中庭にフロアドレンを使って地下ピットに浸水

①某小規模マンションで、中庭にガス給湯・暖房器が設置された。中庭のフロアドレンが落葉で詰まり、雨水が溜まって給湯・暖房配管周りからピット内に落ちて溜まった（**図5-2-13**）[9]。

　対策としてはフロアドレンのこまめな清掃をお願いしたが、本来はルーフドレンを設置すべきであり、以下の事例と同様外部空間にフロ

2 雨水のトラブル（浸水と排水管からの逆流）

第5章

アドレンは使ってはいけない。

類似事例：某ビルではドライエリアに面して電気室の扉があった。フロアドレンが落葉で塞がれ、雨水が溜まって、電気室に浸水した[2]。

図5-2-13　ドライエリアに面した電気室に浸水

8 高台からの雨水の浸水で駐車場水没
マサカ

①マンションの機械式駐車場でピット式のものは、常時水没の危機にさらされているといってよい。したがって、集中豪雨時は、最下段のピットの車を地上に上げておくことにより水没対策としている。

②事例では坂の上からの大量の雨水が車の出入口から流入し、機械式駐車場が水没したものである（**図5-2-14**）。出入口に大きなハンプを付ける、出入口の位置をずらすなどの対策を計画しておくのは建築設計者の責務である[10]。

③なお、駐車機器の操作盤はピット内には絶対に設置してはいけない。みっともなくても地上設置とすべきである。

図5-2-14　敷地に雨水流入防止策がなく駐車場が雨水で水没

④機械式駐車場の水没に関する類似事例
・道路に面したマンションの機械式駐車場で、レベル的には問題なかったが、道路冠水時に水の中を走行する車の波により、ピット内に雨水が入った[10]。
・運用の問題であるが、集中豪雨時に管理人が一人で車を地上にあげる作業を行っていたが、駐車台数が多いため、全台上げるのに間に合わず、数台の車が水没した[10]。

❷-❻ 集中豪雨時の道路冠水対策

通常の降雨状態でも道路からの雨水の流入は問題外であるが、集中豪雨時の対応を考えておかないと最悪の場合、建物が水没し数カ月間使用できなくなる。以下に設計時点で行っている予防処置を紹介しておくので参考にされたい。

2 雨水のトラブル（浸水と排水管からの逆流）

第5章

（1）敷地への浸水防止対策（通常の雨対策であって、ゲリラ豪雨時の浸水はやむを得ない）

①敷地と周辺に段差を設けて、雨水の侵入を防ぐ。

②車の出入り口にはハンプを付ける。

③周辺道路に敷地より高い部分がある場合は、こちら側からの雨水流入に注意する。特に坂がある場合は、坂の上流側からの雨水も流入する。

④周辺道路より低い中庭がある場合は、雨水の侵水対策を行った上でこの部分の雨水のみ地下ピットに落として、ポンプアップ排水とする。

（2）建物への浸水防止対策

①建物FLとGLに段差を付ける。

②外部から直接地下に下りる階段は状況に応じ2～3段上げる。

③出入り口には、止水板（防潮板、防水板）を取り付ける。止水板を取り付けるということは、そのレベルまでの道路（敷地）冠水を想定していることである。したがって、排水管が直接公共下水につながっていれば、建物内のこのレベルまで排水が上がってくることを意味する。止水板取り付けの情報は設備設計者に必ず連絡し、下記の対応を行ってもらう必要がある。

④低い位置にガラリ・窓などの開口部がある場合は、止水板より上の位置に付ける。地下室の排気塔立ち上がり開口や、外部コンセントも同様である。

⑤同様に地階ドライエリアなどの周辺には、止水板と同程度の立ち上り壁を設ける。止水板が不要の場所でも立ち上がりは十分にとる。

⑥半地下住宅では、1階系統の排水は地下ピットに貯留し、ポンプアップ排水方式とするが、状況によっては半地下でなくても1階排水系統は同様とする（上階系統の排水は直接放流）。

⑦雨排水も同様に1階系統は別系統とする。

⑧坂道に面した建物で、坂道の途中に車の出入口がある場合は、坂道の上からの水が流入しないように、出入口の上流側の道路のL字型側溝

に雨水ますを付けてもらう（行政に依頼する）。もちろんハンプはつける。

(3) 建物内に地下貯留槽を設置する場合

① 雨水貯水量、流入排水方式や構造に関しては建設地域の行政の指導に従う。
② 公共下水への直結排水が原則であるので、それほどの豪雨でなくても貯留槽への逆流発生の恐れがある。
③ 逆流防止のために、雨排水主管にチャッキバルブと手動のバルブを設ける。チャッキバルブの作動が完全でない場合は、逆流によりピット内水位が上がるので水位警報を設け、手動バルブで閉鎖する。
④ ピット内の設備・電気配管とスリーブの隙間に注意し、他のピットに水が流れ込まないようにする。特にエレベータピットに浸水しないよう配慮する。

このような対策がなされていない場合は、もちろん土嚢や吸水バッグを積むという原始的な方法で浸水を塞がなければならないし、他の部分も相応の対応が必要である。土嚢で防げる程度の水位では水圧は深刻ではないので、排水管からの逆流対策としては衛生器具類の排水口にボロ布を詰めて重しを置いたり、土嚢ならぬ水嚢で逆流を塞ぐ必要がある。

2-7 雨排水管竪樋の1階での吹出し

(1) 技術の狭間でのトラブル

最近の集中豪雨トラブルで多いのは、雨排水竪管の1階部分のつなぎ目や、横引きした最初のますからの雨水の吹き出しである。竪管から第1ますまでは建築、以降は設備という設計／工事区分であるので、技術の狭間でトラブルが起こる事例でもある。

屋上から縦樋の中を落下してきた雨水は、1階の横向きエルボに勢いよく衝突し、流れは横向きに変わる。この時の圧力でいろいろなところ

2 雨水のトラブル（浸水と排水管からの逆流）

第5章

から雨水が吹き出す。縦樋の端末処理の方法はいろいろあるので以下のようなトラブルが発生する。

① 雨排水横管を上向きとし、立下りの竪管が差し込んであったが、コーキング（目地補修）されていなかったため、雨水が噴出、マンション1階共用廊下が冠水した。

② 第1ますでの雨水の吹き上げ。第1ますは外構雨水の集水桝を兼ねることが多いので、吹き上げなくても溢水することは多いが、降雨時であるから問題とはならない。

　このますに、1階バルコニーや共用廊下の排水管がつながっていると、事例①で上げたように、排水溝からの逆流となる。

③ 第1ますの蓋が吹上げ通路が冠水。筆者の経験では、某ビル裏側敷地のスペースが狭かったので排水竪管を数本配管でまとめてから通路に

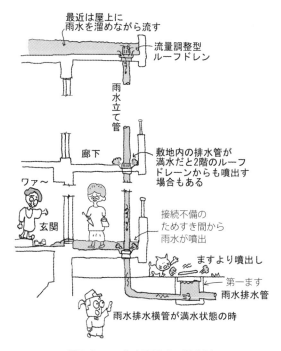

図5-2-15　集中豪雨時の浸水例

埋設配管したところ、普通の雨で第1ますの蓋が吹き上げた。この時は蓋をボルト締めした。
④マンション2階バルコニーで雨水の吹き出し。ますで溢れて敷地が冠水している時は、雨排水横管は満水状態である。その時、屋上から勢いよく雨水が落ちてくると2階でも吹き出しトラブルが起きる。

(2) トラブル防止策

これらトラブル防止のために、排水金物メーカが「雨水調節装置」を開発している。屋上ルーフドレンに取り付け、通常降雨時は側面のスリット状の開口から流入、豪雨時にはスリットが狭いため水位が上がり、一定の時間屋上に水を溜めるものである。屋上ルーフドレンの流入量を絞るということは良いアイデアであるが、狭いスリットに落葉が溜まりやすいのでメンテナンスの手間が増える。

その他、雨水トラブルについて簡単に述べる。
①電気・情報関係引込み管から地下室への浸水。
②屋上の電気・自動制御関係ボックスの防水経年劣化や、ドレンづまりによる水位上昇で、電線管に浸水。電気の盤や中央監視室へ漏水。改修工事（高架水槽方式の取りやめ）などで端末処理をきちんと行わないと、ここから入った雨水が思わぬところに漏れ出す。設備配管がないところや、降雨時でないときの漏水はこの事例を疑った方がよい。
③冷却塔清掃時の雨水ドレンからの吹き出し。

3 室内環境トラブル
（暑い寒いのトラブル）

　専門教育で建築設備原論や室内環境に関する講義を受けているわりには、「室内環境を整えるのは設備技術者の仕事」と考えている建築設計者がよくいる。もちろん、設備計画・設計は設備設計者の仕事であるが、建築空間をプロデュースしているのは建築設計者である。したがって、以下の事例に示すように、『暑い・寒いの室内環境トラブル』には、建築設計者も関与していることを認識していただきたいと思う。

3-1 建築計画の流れと室内環境トラブル

　建築計画の流れに関連する、室内環境トラブルに関する要因をあげる。設備設計者が把握しておくのは当然であるが、建築意匠設計者も統括責任者として把握しておくべきことである。

（1）顧客要求事項の確認

　品質ISOの必須事項であるが、要求事項の確認だけでなく建物の用途、形態に応じた設備システム上のアドバイスが顧客に対して必要である。場合によっては要求に応じられないこともある。できること・できないことをはっきりさせておく必要がある。計画がまとまるまでの過程では、事業者側との打ち合わせに設備技術者が毎回出席するわけにはいかない。もちろん計画の節目において設備・構造技術者を交えた打ち合わせは必

要であるが、建築設計担当者は以下の項目も配慮に入れて対応することが必要である。

（2）設備計画範囲の設定

居室においては空調、換気が必要となることがいうまでもないが、その他の室やスペースをどうするかについては計画内容と範囲を決めておく必要がある。

①温度に関する使用条件のある諸室：病院、美術館、博物館、音楽ホール、劇場などでは空調・換気に関する特殊条件がある。

②コンピュータ室、サーバ室は当初から空調設備を計画するが、電気設備受変電室は最近では空調（冷房）範囲に入る。エレベータ機械室は通常換気のみである。劇場などで各装置を動かすための動力盤・操作盤は意外と発熱量があり、IC回路を使用しているものは周辺温度への要求がきびしい。これらを設置する諸室の温度条件も検討の必要がある。

③地下および屋上駐車場階エレベータホール、1階エントランスホール、基準階廊下およびエレベータホール、日射のある非空調室、ガラス開口に面したエスカレータスペースなどでは空調がほしい。社長が車の待合わせをしている地階エレベータホールで空調がないのは設計ミスでないかと言われたこともある。またビジネスホテルで西面のエレベータシャフトが煙突と隣合っており、日中止まっているエレベータが暑いというクレームもあった。

（3）建築空間の構造・形態と熱的影響

室内空間の使われ方にも配慮した適切なゾーニング計画や、空調熱負荷と空調機器、吹出し方法とのマッチングが重要である。特に昨今のガラス建築は、非空調室への影響が大である。また、ここで簡単に論じることはできないが大空間の熱的環境には特別な配慮が必要である。

①大きなガラス面開口：輻射熱には空調では対応できないことは認識

3 室内環境トラブル（暑い寒いのトラブル）

第5章

しておいてほしいことである。また、地下への吹抜け空間を通して地下に日射が入った事例もある。

②吹出し口、吸込み口やカセット型空調機器の適切な配置：窓面の冷暖房負荷は室内側と比べて非常に大きい。天井伏のレイアウトだけで配置を決めると窓側が暑いというトラブルになりやすい。

③サーモスタットの位置：これも適切な位置とする必要がある。

④ダクトのおさまり：無理なダクトスペースでは風量不足となる。

⑤外気の吹き込み：出入口からの冬の外気の吹き込みは、室内に滞在しているものにとっては耐えられないほど寒い、二重扉、回転ドアの設置をケチってはいけない。

3-2 空調設備に関する常識

室内環境の計画には建築設計者のかかわりが大きい。したがって、以下のことは建築設計者も最低限の常識として知っておいてほしい。

①窓側冷房負荷は室内負荷の約4～5倍

空調設備計画のポイントの1つがペリメータ負荷（外周負荷）の処理である。ペリメータに専用のユニット機器を設置するのが正しい方法であるが、小規模ビルの場合熱源システムが複雑になるのと、コストアップを嫌って、ゾーニング分けをしない場合がある。ペリメータに専用ユニットがない場合は、窓側の室内環境は夏は暑く、冬は寒くなり、間仕切りをすると暑い寒いのトラブルの原因となる。

この負荷を小さくするために、ペアガラスやペリメータレスシステムの採用があるが、輻射熱がゼロになるわけではない（図5-3-1）。

②輻射熱には空調では対応できない

説明の必要もないほどの常識であるが、大きなガラス開口の空間をブラインドやカーテンなしで快適環境にしてほしいという設備屋を困らせる要求はよくある。

③店舗ビル、オフィスビルの内部ゾーンは冬でも冷房が必要

建築計画・設計に伴う設備トラブル事例

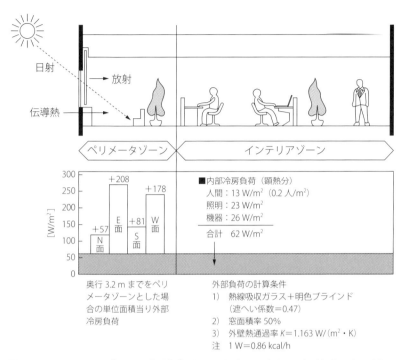

図5-3-1　ペリメータゾーンの冷房負荷（出典：「空気調和衛生工学便覧」第12版、空気調和・衛生工学会）

図5-3-2（b）で示されているように、店舗・オフィスの内部ゾーンは照明発熱と人体発熱により冬でも冷房が必要である。外部ゾーンでも、冬に外気温が高い日や、日射負荷が大きい日はペリメータ用の空調ユニットは冷房運転となる。このような状況にどのように設備システムで対応するかは、設備設計者の仕事であるが、「冬でも冷房が必要」ということは建築設計者も把握しておいてほしいことである。中間期における外気冷房システムは省エネ効果が大きいことも認識しておいてほしい。

④窓ガラスは冬の除湿器である

東京都の保健所による立ち入り検査で、ビル衛生管理法（通称：ビル管法）に規定された室内環境の不適合率ナンバーワンが「湿度」である（相対湿度40％以上でない）。上記のように冬季に室温が上がって冷房

109

3 室内環境トラブル（暑い寒いのトラブル）

第5章

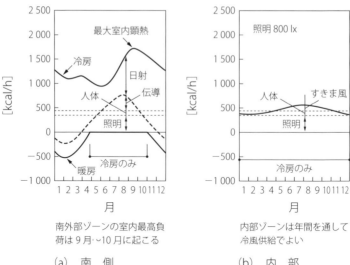

(a) 南　側

南外部ゾーンの室内最高負荷は9月〜10月に起こる

(b) 内　部

内部ゾーンは年間を通して冷風供給でよい

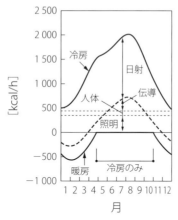

(c) 東　側

東（西）外部ゾーンの最高負荷は午前8時(午後4時)

図5-3-2　東、南、西の各外部ゾーン（3.0×3.0m）と内部ゾーンの室内顕熱負荷（出典：「改訂2版　空気調和設備計画設計の実務の知識」空気調和・衛生工学会編、オーム社）

すれば吹出し空気は冷却除湿される。蒸気加湿で加湿能力があっても湿度が上がれば窓面で除湿され結露する。設備設計者およびビル管理者が頭を悩ませている現実も知っておいてほしい。

3-3 室内環境トラブル事例と対策

　ここでは温度と湿度に関するトラブル事例を取り上げる。吹出し口からのドラフトによる事例も含むが、建物出入口からの風の吹込みトラブルについては、別項で上げる。

　なお、本稿の紹介事例には、筆者が現役時代に建築設計者との打ち合わせの際に配慮していたことであり、実際のトラブル事例は少ない。しかし他の建物でのヒアリングやビル管理者から聞く話からも似たような建物は多いので、事例としてここにあげた。

　これら事例は、建築関連トラブルでもあるので対応処置の答えはわかっていても、手直しには金はかかる。したがって、どうしようもない場合以外は現状維持となっていて、発注者や使用者が不便と我慢を強いられているケースが多い。

　本書で特に対策案を記していないものはこのケースに当たる。設備グレードにも関係するので、事前に事業者側の了解を得ておくことも必要である。

1 （マサカ）吹出し口が窓面から離れていたためクレームに

①空調機、天井内小型空調機やダクト接続型エアコン室内機により窓側に吹出し口を設置する場合は、窓側風量を大きくすることにより、ある程度窓側負荷に対応できる。この場合の吹出し口はできるだけ窓側

3 室内環境トラブル (暑い寒いのトラブル)

第5章

に寄せる。

②吹出し口が窓面近くに配置されると、吹出し空気により夏はガラス窓表面温度が下がり（冬は上がり）、輻射熱の影響が小さくなる。

③クレーム事例は窓側に大梁があったため吹出し口位置が室内側に寄せられたものである（図5-3-3）。

図5-3-3　吹出し口の位置が悪い

2 カセット型エアコン配置をモジュール配置してクレーム

マタカ

①天井伏せ図には、照明、空調端末（吹出口、吸込み口やカセット型エアコン室内機）、火災報知器、非常放送用スピーカ、スプリンクラヘッドなどが描かれており、原則的には照明や室温が均一となるようモジュール化されている。

②インテリアゾーンでは、空調端末（吹出し口、カセットエアコン）は室内負荷に見合ったものが配置される。

③内部ゾーンと同じモジュールで器具配置をしたため、窓側の温度環境が日射により劣悪となった。そのため、室内機を窓側に寄せるように配置換えを行った[B)]。

④窓側の室内機は、同じ外形で能力は該当スペースの負荷に見合ったものを選定する（以前は窓側に能力の大きいものを配置すると、外形寸法が違っていてデザイン上問題があったが、最近は同じ外形で、能力が違ったものができている）。

⑤4方向吹出し型カセット室内機では、窓側方向への吹出し量は機器風量の1/4であるので（2方向吹出し型では1/2）、3方向吹出しタイプにオプションで変更してもらう（図5-3-4）。

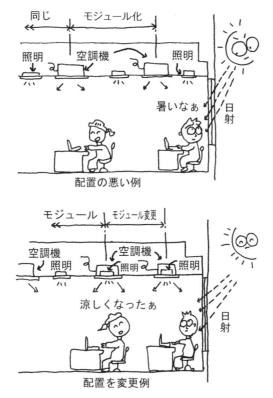

図5-3-4　天井配置のモジュール化は窓面負荷に配慮

注意事項：室内機を窓側に寄せれば温度環境は改善されるが、寄せすぎると吹出し空気が窓面に当たってドラフトのクレームが発生する。

3 室内環境トラブル (暑い寒いのトラブル)

第5章

3 マタカ 内部ゾーンと外部ゾーンの室内機を同じ室外機にまとめたため暑い寒いのトラブルが発生

①窓側室内機は、単独室外機とするかまたは同じ窓側の室外機と組み合わせること。

②窓側と内部側では冬季には暖房・冷房モードが異なるので、同じ室外機にまとめてはいけない。

③同様に建物用途、室用途により冬期に冷房が必要となる部屋(特に地下のイベント関係諸室)の室外機は、単独系統とするか、似たような負荷状況の部屋の室外機にまとめる(図5-3-5-①、②)。

図5-3-5-① ゾーニングで系統分けする

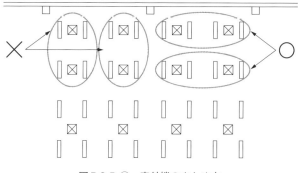

図5-3-5-② 室外機のまとめ方

4 マタカ 用途の違う部屋を同じ系統にまとめたため、冷暖房トラブルが発生

①会議室、役員室と一般事務室では、冷暖房負荷の状況が異なる。特にこれらの部屋が窓側に面した場合は、特別の配慮が必要である。
②セントラル方式の場合は、同一ダクト系統では対応が難しい（**図5-3-6**）。
③個別方式でも、室外機を他の部屋と同一とすると外壁状況により同時冷暖房が必要となる。

図5-3-6 用途の異なる部屋を同一系統としたためトラブル発生

5 間仕切りをしたため冷房が効かなくなった

マタカ

① ペリメータ専用ユニットがない場合、セントラル方式、個別方式いずれも大空間向きシステムといえる。したがって、役員室や会議室を窓側に設けると冷暖房が効かない（図5-3-7）。
② 個別方式の場合は、天井内設置ダクト接続型、カセット型いずれの場合も、窓側ユニットを大型とすることで対応可能である。最近のカセット型は、容量が異なっていても外形が同じ寸法になっている。
③ 窓を二重サッシとしてレタン空気を通して窓面冷暖房負荷を小さくするペリメータレスシステムも、窓面負荷が完全にゼロではないので、個室の多い外資系の会社がテナントとして入る場合は温度トラブルになることがある。

図5-3-7　間仕切りをすると冷房が効かない

6 天井から吊られた表示物によって風が届かない

マタカ

①大型店舗や百貨店では天井が高いことが多く、空調ダクトのコスト節減のために空調ダクトを周辺に展開して横吹きで空調する方式がある。
②図5-3-8の方式では、天井から吊られた表示物に風が当たって、必要な箇所に風が届かない[8]。
③したがってこのような場合に、設備設計者や施工者からのVE（Value Engineering）提案を認めてはいけない。

図5-3-8　大店舗の横吹出し空調はダメ

3 室内環境トラブル（暑い寒いのトラブル）

第5章

7 マタカ 複雑な形状の天井にカセット型を設置、ドラフトを感じて寒い

① テナントビル飲食店などで、天井に上がり下がりや幕板などのある場合は、吹出し空気が下がり天井側面や幕板などに当たり、気流が下向きになるのでドラフトを感じやすい（図5-3-9）。

② 小さな部屋で壁の近くに設置された場合も同様である。

③ 対策としては、床置き、または天井内隠蔽ユニットを用い、室内空間にふさわしい吹出し口を配置することが望ましい。

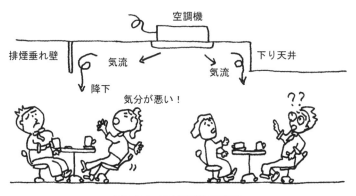

図5-3-9　下がり壁に要注意

注意事項：カセット型エアコンの吹出し口は、多様な形状の天井すべてに対応することは難しい。風向き調整のために、エアコン吹き出し口にいろいろなものを取り付けてあるのは見ばえが良くない。デザインにこだわるなら、多少工事費が上がっても室内機は天井内ダクト式とし、ドラフトを感じさせない吹出し口を設けるべきである。

8 高い天井にカセット型エアコン室内機を設置、足元が寒くなった

マタカ

① 暖房時の吹出し空気温度は室温より高いので、下まで届かずに高いところに滞留しやすい（**図5-3-10**）。セントラル方式の場合は吹出し口の形状や吸込み口の配置により対応可能である。

② カセット型は吸込み口も天井面となるので、ショートサーキットしやすい。

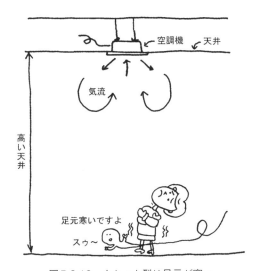

図5-3-10　カセット型は足元が寒い

③ 天井の高い空間で、吹出し・吸込み一体型のユニットで快適な暖房空間を作ることは不可能である。このような空間はおおむね大空間であることが多いので、空調機（パッケージ型空調機）を設置して（空調機室が必要）空間に適した吹出し・吸込み方法とする。ガラス面側での床吹き出し方式は有効であるが、空調機械室、ダクトルートなどを建築平面・断面計画に当初から組み込んでおく必要がある。風除室に

3 室内環境トラブル（暑い寒いのトラブル）

第5章

は、大空間（ロビーなど）の余剰外気を専用のファンによりそのまま吹き出すか、小型ユニットを設置し加熱・冷却して吹き出す方法があるが、吹出し口には結露対策が必要である。

注意事項：エントランスホールは吹込み外気が床の上を流れるので最悪である。

9 サーモスタット位置はデザインで決めてはいけない
マタカ

① サーモスタットは、室内環境を一定に保つための自動制御用温度センサである。

② その位置は、室内の（平均）温度を適切に把握できる位置でなければならない。

図5-3-11　温度センサ位置はデザインで決めない

注意事項 ①エアコン室内機はセンサを機器内部（カセット型は吸込み口）に内蔵していることが多い。したがって室温の制御基準が天井近辺の温度となる。天井が高い室や、出入り口扉からの外気侵入が多い室では足元が寒くなるので、壁面にセンサを取り付ける。

②エアコンのスイッチにセンサが組み込まれている場合がある。大きな室の出入り口にエアコンスイッチをまとめると、違った場所の温度制御をしていることになる。

③壁付きセンサの場合は、外壁面に設置してはいけない、冬季に電線管内で冷やされた空気が配管内に下がってくるので、正しい室温を感知できない。

④日射が当たって、制御誤差を生じた事例もある。

コラム

◆滞在空間と移動空間

　建築空間はいろいろな用途の空間があるが、一般ビルの空調設備計画を行う場合には、滞在空間であるか移動空間であるかに配慮することにより、暑い寒いのトラブル防止に役立つ。

　保管・保存空間は室内の物品により条件設定がきびしいし、生産空間は局所的な対応が行われていることが多い。滞在空間は文字どおり内部の人間が長時間滞在する空間である。したがって、空調設備への要求グレードは高い。移動空間は滞在空間へいたるまでのスペースといえる。

　空調設備計画では、非空調室として扱われる場合もある。空調される場合でも要求グレードは低い。また、服装も外からそのままの場合が多いので、暑い寒いのトラブルは少ない。

　移動空間と滞在空間が混在している場合に、温度トラブル、特に冬季の寒さトラブルが発生しやすい。工事費予算は重要である。このシステムではここまでしか対応できませんよなど、計画当初から事業者側に認識していただく必要がある。通常はこの程度は仕方がないと割り切っていただいていることが多い。

3 室内環境トラブル（暑い寒いのトラブル）

第5章

10 ダクトをつぶすと空調トラブルになる
マタカ

①空調機から、端末の吹出し口までの系計画でもっとも重要なことは、各吹出し口で均一な吹出し風量となることである。そのためには、もっとも遠い吹出し口までに、分岐抵抗以外の余分な摩擦抵抗がないことが望ましい。大梁下を通すためにダクトを変形したり、ダクトを上げ下げすると余分な摩擦抵抗が必要となり、遠くと近くの吹出し口にいたる摩擦抵抗の差が大きくなり、均一の吹出し風量に調節することが難しくなる（図5-3-12）。一言でいえば、近くの吹出し口からは風がよく出て、遠くの吹出し口の風量は低下する。ペリメータ負荷対応をしていない場合は、ペリメータの風量が確保しにくくなる。温度トラブルや騒音トラブルの発生要因である[4]。

図5-3-12　ダクトの変形は要注意

類似事例：似たようなトラブルとしては、天井内吹出しのダクトレスシステムを採用した店舗ビルで、天井内大梁の影響で遠いところの吹出し量が不足して冷房が効かないというトラブルがあった。梁下スペースが大きくても、ダクトと考えれば縮小・拡大を繰り返せばたいへんな抵抗になるということである。この場合は吹き出し風量の減少だけでなく、天井内の照明排熱により、吹出し空気温度が上がった要因が大きい。

11 マサカ 小劇場で動力盤や操作盤類を天井裏に設置しトラブルに

①某小劇場では、客席・舞台上部の天井をネット状にして、劇場施設の操作盤類およびキャッツウォークを天井裏に設置して運営上の利便を図った。

②屋根からの熱や照明の熱で天井裏が高熱となった（**図5-3-13**）。

③劇場空調用のダクトが、天井裏に展開していたので、これより枝ダクトを取り出し、吹出し口を取付けて天井裏を冷やした。空調機の容量が間に合ったかどうかについては不詳であるが、真夏の午後に劇場が満員になるようなイベントは少ないと思うので何とかなったのではないかと思われる。

反省事項：たまたま近くに空調用ダクトがあったからよいが、他の空調系統から応援したり、別にエアコンなど設置する場合はするかなどの場合は大きな費用がかかる。

3 室内環境トラブル（暑い寒いのトラブル）

第5章

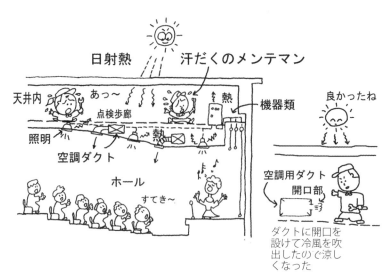

図5-3-13　劇場の天井内は暑い！

12 日射で冷房が効かない（温室を作らない）
マタカ

① 空調設備の常識の項で上げたように、ガラス面からの日射負荷は非常に大きく、事例にあげたようなトラブルは数多く発生している。
② 階高の大きな建物ではこの熱負荷は大きいが、おおむね大空間となることが多く、ガラス面熱負荷がすべて居住域に影響するわけではない（熱気は上に上がる）。したがって、カーテンやブラインドなどで日射を防ぐことである程度の対応は可能である。
③ 通常は空調計画範囲は居住空間のみとし、空間上部は熱溜まりスペースと考えてこの部分の空気を上部から排気している。
④ 空間が小さいと、熱溜まりスペースが小さく、熱気の影響が大きくなる。また、空調吹き出し方式によっては、この熱気を居住域に誘引す

ることにもなる。
⑤図5-3-14では、南西面のガラス面からの熱により、吹抜け2階部分の冷房が効かなくなった。天井面に溜まった熱気を排出する設備も設置されていなかった。

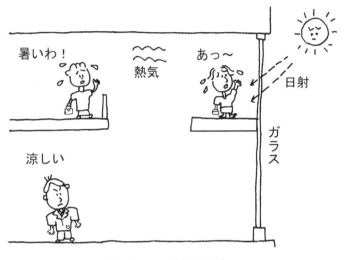

図5-3-14　日射のトラブル

13 報・連・相不足のトラブル
（マタカ）

①ショッピングセンタで用途変更により照度がアップし、全外気冷房時に暑くなった。
②店舗ビルで、蛍光灯照明を白熱灯に変更され、冷房が効かなくなった。
③某ビルで、2階事務室の暖房が効かないというトラブルになった。平面計画では、3階以上の階は基準階で、1、2階よりは外側に張り出した形であった。調査の結果、設計（工事）の途中でガラスの仕様が断

3 室内環境トラブル（暑い寒いのトラブル）

第5章

熱性能の低いものに変わったが、設備設計者にその情報が伝わっておらず、暖房設備容量が不足になったものである（図5-3-15）。

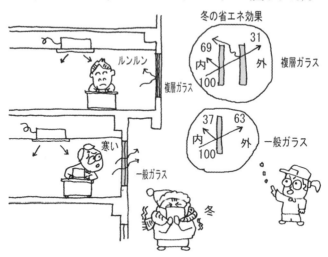

図5-3-15　窓ガラスの仕様変更で暖房が効かない

反省事項：報・連・相をおろそかにしてはいけない事例である。設計・施工中の変更事項は必ず設備・構造のパートナに伝達する。

14 床下断熱をケチったため足元が寒くなった

マタカ

① 某ビルは、地下1階と1階が店舗、2階が駐車場、3階から8階までが事務所であった。
② 熱源はセントラル、とにかく廉価な設備をということで、店舗部は各階用セントラルエアハン方式、事務所階は3〜8階まで東西2系統のエアハンで空調を行うこととした。

建築計画・設計に伴う設備トラブル事例

③3階床下は、2階駐車場の上であるからスラブの冷え込みが心配されたが、開放部分は二重天井としたので、断熱までは必要ないだろうというのが設計時点の判断であった。
④筆者の会社がここの3～4階を事務所に借りた。
⑤3階には土木設計室の他に総務、役員もこの階である。
⑥役員から足元が寒いとクレームになった（**図5-3-16**）。
⑦対策として当時開発された、電気床暖房パネルを役員の方の椅子の下に敷いた。

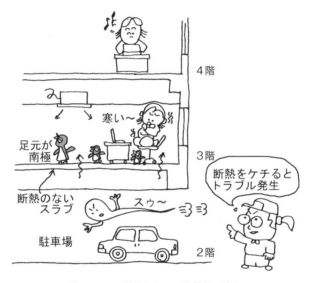

図5-3-16　断熱をケチると足元が寒し

類似事例 ①傾斜地の建物で、1階守衛室の床下が空間になり、足元が寒いのトラブルとなった。
②東北地方の地下階のない某ビルで、1階の床スラブ下（ピット上部）は、断熱仕様であった。二重床であるので、床スラブの冷え込みは介したことではないだろうと、VE提案で、断熱を取りやめたため、足元が冷え込むとクレームになった。

3 室内環境トラブル（暑い寒いのトラブル）

第5章

15 マサカ 多数の入場者のため冷房が効かなくなった床吹出し方式

①某美術館の空調方式は、床吹出し方式であった。
②入館者の増員のため、観光バスツアーの見学先に組み込んでもらうこととした。
③図5-3-17のように入館者が殺到したため、床吹出し口からの吹出し量が阻害されて、冷房が効かなくなった（もちろん設計条件以上、消防署への届け出入館者を大幅に上回った）。

図5-3-17 来客の急増で冷房が効かない

類似事例 ①某デベロッパが開発したショッピングビルで、オープン時（9月9日）に来客が殺到し、人いきれで暑く感じられたので（室温は25℃程度）、役員の方が真夏は大丈夫かと心配され、検討を求められた。
②通常は冷房が効かなくなるほどの来客であれば喜ぶはずである。

16 床吹出し方式でもペリメータは別系統に

マサカ

① 天井吹出しの場合は、吹出し温度は一定であるが、床吹き出しの場合は、外周に近くなると躯体の熱により、吹き出し温度が夏は若干高くなり、冬は若干低くなる（**図5-3-18**）。

② したがって、（ペリメータ系統のない）天井吹出し方式よりも、熱環境のグレードが落ちる。

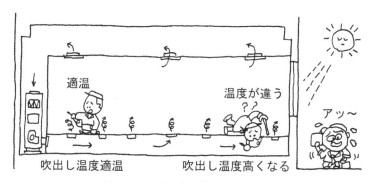

図5-3-18　床下空調方式の落とし穴

相談事例　エアコンをルーバ・目隠しで囲ったため能力不足。

- 床置き、直吹き方式のエアコン室内機は意匠設計者に嫌われルーバなどで隠されることが多い。ルーバの形状にもよるが風量が落ちるのは間違いないので能力ダウンになる。
- また、設置場所によっては風が届かないところが発生する。外部負荷が大きいところではクレームになる。
- エアコンを囲ったスペースは機械室であるといえる。フィルタの取り替えや、操作盤の点検などメンテナンスに十分なスペースが必要である。
- 対策：ルーバを取り外した。

> **コラム**

◆お盆の季節に（設計の）幽霊が出る

「季刊」の前に「年刊」もあったという、昔のゆとりのあった時代の話である。

筆者がこの業界に入った頃にも、事業計画に向かない事業主所有の土地に、毎年（または隔年）プランニングすることはよくあった。この企画設計はどういうわけかお盆の頃に動き出す。「また幽霊が出てきたな」というわけである。

4月の人事異動で新たに事業計画部門の責任者になった方は、当然自社所有の土地に関し事業計画の見直しを行う。以前に計画・検討した物件については、もちろん当時の関係者から難しいという状況説明は受けるが、新任部長（課長）としては何か新機軸を出したいし、部下の方もあまり後ろ向きの態度は見せたくない。そういう事情の下に、昨年または一昨年に採算が合わないということでお蔵入りした物件の再検討が依頼されることになる。これがちょうどお盆の頃になる。（事業にならずに）一度ポシャッタ（死んだ）物件がまた生き返ってくるから幽霊である。これを何度か繰り返すうちに、隣地を買収できたり、経済情勢が変わったりで、事業計画が成り立つことがある。幽霊に足が生えて、実際のプロジェクトになるという「マサカ」の話である。設計側としては大変ありがたい話ではあるが、実施にいたるまでのサービス設計業務量は馬鹿にならないことが多い。

お盆の季節に幽霊が出る

4 換気のトラブル

④-① 換気トラブルとは

　換気設備の目的は、汚染空気や、熱・湿気・塵埃・有害ガスなどの排出と、外気の導入による室内環境の維持である。空気質の不具合については有毒ガスや臭気以外には日常意識されることは少ない。したがって一般ビルでは換気設備に関しては、本来機能の不具合がそれほど大きなトラブルに結びつかないという特徴がある。音は付属機能のトラブルである。

　一般ビルにおける換気設備の本来機能のうち、不具合が目につきやすいのは厨房の排気不良であるが、グリスフィルタの目詰まりや、ダクト内の汚れで必要換気量が落ちていても気が付かないことが多い。浴室やトイレの排気も同様である。保健所の立ち入り検査による室内環境基準の炭酸ガス濃度基準の不適合ビルはたくさんあるが、中にいるものが炭酸ガス濃度の不適合を認識していることはほとんどない。結露は換気設備にも関係あるが、換気設備のみで対応するのは難しい。

　もっとも恐ろしいガス器具の不完全燃焼や、いわゆるシックハウス症候群についても、漏水や騒音のトラブルと違ってすぐには原因が明らかにならず、時間がたってから人身事故や中枢神経機能障害（当初は病院でも原因不明であった）につながるのが問題である。

　P社のガス給湯器の人身事故原因は「機器の欠陥」ということで決着

4 換気のトラブル

第5章

がついたようであるが、筆者の見解によれば建築設計、換気設備設計が原因である。

換気設備は建築基準法の規定に従って計画・設計・施工されているが、そのトラブルは一般ビルのものと、集合住宅・住宅のものとでは様相を異にしている。一般ビルの場合は室内環境に関する不具合が多いが、人身事故などの重大トラブルは少ない。これは設備設計者が取り仕切っていることと、ビル管理者が存在するためである。

集合住宅・住宅の場合は、換気設備技術者が換気気設備全般を通してみているケースが少なく、換気設備の計画・設計において［第2章 建築生産における品質管理］の項で述べたように、技術の狭間により計画上の問題が発生する。また、住宅の高気密化傾向も併せ、トラブルの様相は複雑化している。換気設備の不具合は上記のようにすぐには目につきにくいので、シックハウス症候群や最悪の場合はP社のガス湯沸かし事故のような人身事故にいたる場合もあるので注意を要する。この項では、換気トラブルについて、一般ビルと住宅・集合住宅とに分けて述べる。

④-② 一般ビルの換気トラブル

建築基準法には性能規定と仕様規定とがあるが、換気設備に関する規定はほとんどが仕様規定である。若干煩雑ではあるが、規定どうりに設計すれば問題はない。また計画当初から設備設計者が関与することが多いので、建築計画が原因となるトラブルは少ない。排気ダクトがつぶされて排気不良となることも想定されるが、そのような事例は少ない。給排気ガラリやレジスタの取付位置により、近隣への騒音・臭気トラブルや、ショートサーキットトラブルがあるが、騒音・臭気については別項で述べる。

(1) ビル管法室内環境基準の不適合

「建築物における衛生的環境の確保に関する法律」（ビル衛生管理法）

において要求される室内環境の基準は、換気設備においては一酸化炭素濃度と二酸化炭素濃度である。気流も関係あるが、どちらかというと、暑い寒いの熱環境トラブルである。一酸化炭素濃度不適合のビルはほとんどないが、二酸化炭素濃度基準1000ppmに適合しない建物はたくさんある。この不適合率は保健所の立ち入り検査では、湿度（基準値40％）不適合の次に多い。この原因は、一品生産品である建物空調設備にふさわしく、設計・施工・管理・使われ方など多岐にわたっており、『マサカ』の不具合もある。建築計画のトラブル要因はメンテナンスへの配慮不足があげられる。昨今の省エネルギー活動で、在室人員に合わせて外気量を適切な風量に絞る場合は1000ppmに近い値となり、場所によってはそれ以上ともなる。

(2) 一人当たりの外気量と、外気のCO_2濃度

建築基準法施行令第129条の2の6、3項はビル管法の規定を受けて、建築物における居室内の炭酸ガスの含有率を「100万分の1,000以下（1,000ppm）」と定めてある。この基準を維持するための技術的基準として建築基準法第20条の2に有効換気量として$V = 20Af/N$の式がある。これによれば1人あたり20m³/hrの換気量が必要ということになる。昨今の外気のCO_2濃度は以前と比べ上がってきており、350〜400ppmであるから、この換気量では1000ppmをオーバーする。外気のCO_2濃度によるが、1000ppmの基準を維持するためには換気量は30m³/hr・人以上が必要である。国交省の設計基準（茶本）は、25m³/hrとなっている。都心では外気のCO_2濃度は450ppmになっているところもあり、このような地域での空調用必要外気量は外気のCO_2濃度を基準にして決めるべきであろう。

(3) 一般ビルトラブル事例

一般ビルにおいて、建築設計が原因となるトラブル件数は少ないが、次のような事例がある。

4 換気のトラブル

1 マサカ 冷温水発生器排気ガスの混入

①某ビルでは煙突と外気取り入れシャフトが隣接していた。また煙突の点検口は図のように外気シャフト経由となっていた（**図5-4-1**）。

②点検口仕切り板が外れたため、空調機運転時に冷温水発生器の排気ガスが外気シャフトに吸い込まれ、空調室環境が汚染された。

③点検口の仕切り板が外れていなくても、空調機に引っ張られて、排気ガスが隙間から洩れていたと思われる。

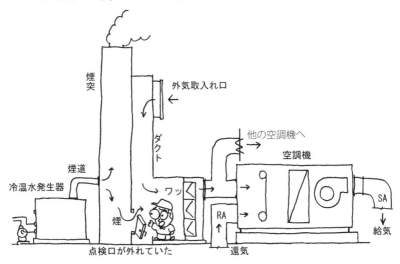

図5-4-1　冷温水機排ガスの空調機への混入

2 梁巻きダクトに油が溜まって排気不良

マタカ

①ダクトが梁下天井内に納まらない場合は、(図5-4-2) のように大梁部分で梁巻きを行う。
②厨房排気ダクトでは排気内の油脂が溜まる。この事例ではダクト断面の50%以上に溜まっていた[8]。
③対策としては油抜き配管を行い、端末にドラムトラップを取り付けた。原因は上階で荷重の変更があり、梁の位置と大きさが変更になったためであった。この場合も不具合は竣工後、半年たってから出ている。

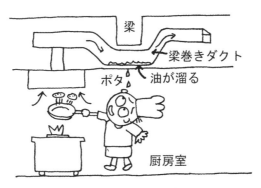

図5-4-2　梁巻きダクトに油溜まり

4 換気のトラブル

第5章

3 マサカ 外気調和器や、共有外気ダクトがある場合の各階給気のアンバランス

①屋上などで外気を取入れダクトで各階に導くシステムの場合は、各階への外気供給量のバランスをとることが重要である。

②竪シャフトの防火区画が竪穴区画でなく、各階水平区画であったため、各階に取り付けられた防火ダンパが抵抗となって、下の階の風量が確保できず、下の階で二酸化炭素濃度不適合となった（図5-4-3）。

③竪穴区画貫通ダクトにSFD（煙感知器連動ダンパ）の取付けが規定される以前の昔のホテルでは、客室給排気は竪ダクトで行っていたので、最上階と最下階で同じ風量になるように風量調節で苦労した。

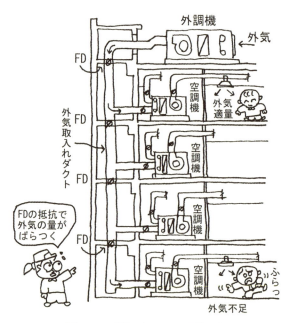

図5-4-3　外気バランスの調整不良

4 隣接ビルの排気、外気取入れ口への回り込み

(マタカ)

①某ビルの空調機の系統で、午後の室内環境測定の炭酸ガス濃度の値が高くなる傾向にあった。
②外気取入れ口の位置は3階で隣の建物との間の狭い空間に面し、隣接ビル1階にある厨房排気ダクトからの排気が取入れ外気に混入したものである（図5-4-4）。
③この事例では、炭酸ガス濃度が高くなったが、臭気トラブルも発生するので隣接ビルの排気ガラリ位置は要注意である。
④高速道路・幹線道路・交差点近くに計画される建物の場合は、外気の炭酸ガス濃度の高くなるので、外気取入れガラリの配置だけでなく、外気フィルタの性能についても配慮する必要がある。

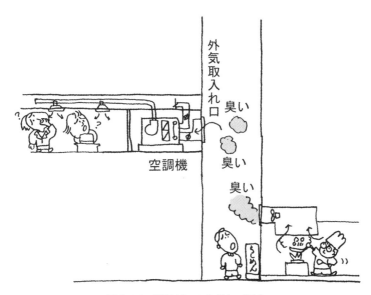

図5-4-4　隣接ビルから排気が混入

4 換気のトラブル

第5章

5 厨房給気を止められ風切り音が発生
マタカ

① 厨房の排気には大量の給気が必要であるから、当然第1種換気による給排気ファンが設置される。
② 給気側が冷暖房されていないと、厨房内は夏暑く、冬は寒くなるので、客席その他の冷暖房された空気を取り込もうとして、給気ファンは停止されることが多い。
③ したがって、厨房だけでなく客席やロビー内が負圧になり、自動扉や窓、エレベータ扉で風切り音が発生する。
④ 扉が自動扉でない場合は、冷たい外気が客席を流れてクレームとなる。
⑤ 高気密化された建物内の厨房は冷暖房が必要であることを、建築設計者も認識する必要がある。
⑥ また、事業者にとっても、かなり以前から従業員対策上、冷暖房は必要条件となっている。

(4) 換気設備のエンジニアリングトラブル

① 炭酸ガス濃度の不適合の諸原因：保健所の立ち入り検査での炭酸ガス濃度の不適合率は相対湿度についで多い。不適合の原因は下記のように多様である。

- 冷温水発生器排気ガスの混入（煙突とOAシャフト隣接。点検口より漏洩）（事例①）
- 外気調和器がある場合や、共有外気ダクトがある場合の、各階給気のアンバランス（事例③）
- 外気量と在室人員とのミスマッチ
- 外気ダクトとレタンダクトの誤接続や逆流
- 外気ダクト内の虫除けメッシュ・パンチングボード類の目詰まり

- エアフィルタの目詰まり、FDの作動による・風量低下
- エアフィルタの目詰まりによる、全熱交換器のリーク
- 還気ファンがある場合に、外気が取り入れにくいなどの不適切な空調機構造
- 炭酸ガス濃度制御システムでのセンサの誤作動
- 全熱交換機や外気導入系統エアコンの運転忘れ

最近の個別ヒートポンプシステムの場合は、外気供給システムとの組み合わせは多様である。冷暖房機との連動運転が行われていないと、外気導入機器の運転忘れによる室内環境不具合が起きる。

- 残業時の空調機運転停止

② その他の換気設備トラブル：
- プールの天井内換気を第3種換気としたため、天井内給気ガラリがあるにもかかわらず、プールの空気が天井内に吸い込まれ、天井下地材を腐食させた[9]。
- 天井面吸込み口に設置されたフィルタの目詰まりのため、〈室内 ⇒ 二重床 ⇒ GL工法の壁の隙間 ⇒ 天井内 ⇒ 天井空調機レタン〉という空気の流れが形成され、タイルカーペットも目地が汚れた[9]。
- ガラリに取り付けられた防虫網が目詰まりし、同じガラリを利用していた排気系統の弱い方へ排気が逆流した。

❹-❸ 集合住宅・住宅の換気トラブル

集合住宅・住宅の換気関連トラブルは、住宅の気密性能の向上に連動しているといって過言ではない。その結果、シックハウス症候群が発生し、平成15年の建築基準法の改正にまで及んでいる。特に気密化に伴う設置環境の変化がガス給湯器のトラブルと関係しており、人身事故を引き起こすまでになっている。

4 換気のトラブル

第5章

(1) 住宅・マンションの換気設備の変遷と気密性能の向上

日本の住宅は、気密性の面から見れば徒然草の時代から戦後まではそれほど大きな変化はなかったといえるが、戦後から現在の高気密住宅までに大きく変わってきている。しかも、現時点でも建設時期や換気設備グレードに応じて気密レベルが異なる住居・マンションが各地に混在しており、これが住宅・マンション換気設備トラブルに大きなかかわりがある。

筆者の見解ではマンション換気設備の変遷は気密化との戦いによるものといってもよい。気密性能の変化についていけないというより、昔の気密レベルの認識で、最近のマンションや住宅を設計しているのが換気トラブルの原因である。はじめにマンション換気・機密性能の変遷について述べるが、ここで述べる気密度や機器・部材のグレードについては筆者の感覚で述べてあり、等級云々で表されるほど厳密なものではない。

(2) 建築部材の変遷

①サッシ

サッシは設備機器・装置ではないが、換気設備の変遷を語るうえでは避けて通れない建築部材である。

この変遷は、木造サッシ ⇒ スチールサッシ ⇒ 初期アルミサッシ ⇒ 気密サッシ ⇒ 高気密サッシとなっている。昔の木造サッシの頃は当然としても、スチールサッシの機密性もそれほど高くはなかった。筆者が新人社員時代に暖房設備負荷計算の際、先輩社員から「スチールサッシの気密度は低いから、隙間風負荷（通常は換気回数＝1回）は2倍見ておいたほうがいいよ」と教えられた記憶がある。

ガス器具による各種事故とサッシの気密性向上とは関連があるように思われるので、統計上のデータを知りたいものである。

なお、現在は木造サッシの気密性も高まり、調湿機能や結露がない等の利点が見直されている。

②給気口

初期マンションや昔の住宅では、給気口がなくてもサッシの気密度が低く換気設備の機能上はほとんど問題がなかった。サッシの機密性向上に伴い、サッシ組み込み型換気用小窓、または換気用レジスタが設置されるようになった。気密度が高くなるに従い、大きさも大きくなり、現在の24時間換気システムでも第3種換気の給気口となっている。意匠にこだわる建築家に嫌われるのが気密トラブルの一因ともいえる。

注意事項

窓は換気設備ではない！

　建築基準法では、窓は「換気上有効な開口部」となっている。建築基準法改正前は、この条項を盾にデザイナーズマンションや、意匠にこだわるゼネコン設計のマンションで、居室に給気口のないものが見られた。筆者の事務所でも、やや高級なマンションで工事中に給気口を付けたくない旨の設計変更要請があった（『マサカ』の話参照）。風量調節・開閉ができること、雨仕舞があること、換気扇類の運転に合わせて開閉操作をする必要がないなどの諸条件を満たしていないので、窓は換気設備とはいえない。分譲価格3～4000万円クラスのマンションに給気口（レジスタ）が付いていて、億ションクラスについていないということでは、入居者に説明がつかない。まさに建築計画が引き起こす設備のトラブルといえる。

　筆者の事例では、「クレームになったら僕は始末書は書かないからね」ということで建築設計者を納得させたが、このような場合に請負関係があると、どこまで設備設計者ががんばれるか疑問である。

(3) 換気設備システムおよび機器の変遷

①厨房用排気

　機器としてはプロペラ式換気扇から小型ファンを経てレンジフードにいたり、最近では給排連動型レンジフードが採用されている。レンジフード自体の性能もアップしている。

　排気口位置（厨房位置）については、

4 換気のトラブル

第5章

1) 換気扇時代には厨房は外壁側に配置されており**各住戸ごとに外部に直接排気**していた。その後、
2) **共用の排気シャフト経由で屋上ルーフベンチレータに排気**されていたが、
3) レンジフードの開発と能力アップに伴い、**各戸ごとの単独排気方式**となっている。厨房の位置にも制約がなくなり建築平面計画のフレキシビリティが上がった。厨房レンジフードの排気量は大きいが、以前は専用給気口がなくても、各室換気口とサッシからの隙間風で間に合っていた時期もある。しかし、最近の高気密化の影響でサッシの隙間風はあてにできなくなっているので、
4) **レンジフード連動開閉型専用給気口または給排連動型レンジフード**が設置されている。

したがって専用給気口の不備の場合は、排水トラップからの臭気の逆流といったレベルのトラブルまでも発生している。

②浴室・便所排気

プロペラ式換気扇から天井換気扇への変遷と、天井換気扇の性能向上に関しては厨房排気の場合と同様であるが、1台のファンによる浴室・便所同時排気方式やおのおのの単独排気（ダクトは単独または共用）方式を経て、現在は親子式天井換気扇による2～3室同時排気式が主流である。給気口としては各室の自然換気口（換気レジスタ）をそれに当てている。最近ではこのファンの風量設定を可変とし、居室の24時間機械換気システムに対応できるようになっている。

③居室の換気

当初は窓またはサッシの通気性に期待して給排気設備はなかったが、気密性能の向上に伴う排気ファンの能力アップに伴い、厨房・便所・浴室換気用の給気口を兼ねて、換気レジスタによる自然換気が行われていた。サッシの気密性能の向上に伴い、現在は建築基準法により機械換気（24時間換気システム）の設備が義務付けられている。

（4）マンション・住宅のレンジフード運転時の給排気バランス

上記の変遷をもとに、マンション・住宅のレンジフード運転時の給排気バランスを、換気設備の変遷をもとに図5-4-5に表示すると大きくは以下のように分けられる。ただし、サッシの気密度や給気口の大きさ・形状、レンジフードなどの能力により、建物ごとの状況は異なる。

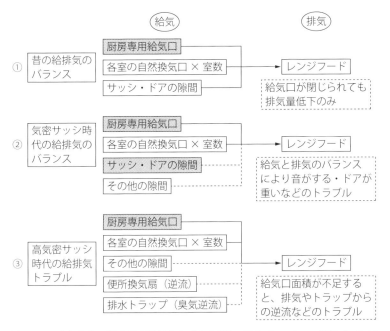

図5-4-5　高気密化に伴う厨房排気トラブルの概念（出典「マンション設備『マサカ』の話」を修正）

※上図①においても「その他の隙間」は存在するが、サッシ他の隙間が大きいため、このルートからの流れは無視した。
※上図の厨房専用給気口はデベロッパ・建築設計者によっては十分な大きさのものが設置されていないケースがあるので、注意を喚起するための網掛けとした。これが付いていないとどうなるか？点線のルートから空気を引っ張るというとんでもない機能障害を引き起こすことになる。大手デベロッパでは、専用給気口を設け、レンジフードと連動させているものが多い。給排両用型レンジフードの設置も多い。
※上図②において、「サッシ・ドアの隙間」を網掛けとしたのは、気密度にもよるが給気のルートとしてはほとんどあてにできないことを意味している。したがって③ではサッシ隙間の存在を無視した。
※居室の換気は「各室の自然換気口＋サッシドアの隙間」による成行きの自然換気であった。したがって②においてサッシの気密性が上がるにともない、換気量が少なくなり、シックハウストラブルが問題となったのは当然である。

4 換気のトラブル

（5）換気設備の常識

　一般ビル換気では専門の技術者が計画の時点から関与するので問題ない。しかし住宅・集合住宅では建築設計者が換気計画（実は不完全な）を行うケースが多く、以下に示すような常識に配慮した設計が見られないことがある。

・換気設備の常識①：空気の入口がなければ排気はできない

　換気設備には入口と出口が必要である。図5-4-5の①では、サッシの隙間が大きいため、給気口が閉じられても排気機能は低下するが何とか維持される。高気密住宅の時代には、給気口がなければ以下で紹介するようなトラブルが発生し、欠陥マンションとなる。

・換気設備の常識②：汚染空気は排出先に注意する

　臭気トラブルに関連するが、住宅・集合住宅では厨房排気の吹出し方向が要注意である。ガス給湯器の設置位置も、燃焼排気が近隣住民への影響がないような配慮が必要である。

・換気設備の常識③：引っ張り合えば弱い方が負ける

　高気密住宅では建物内は1つの空間とみなすことができる。したがってレンジフードや浴室換気扇などが同時に運転されると、それぞれの機器の能力に応じたバランスで排気されるが、1台運転の場合よりは能力ダウンする。吸込み口の条件が同じ場合は、性能の良いファン（おおむねレンジフード）は能力ダウンは小さいが、小さいファンの排気の減少量は大きくなる。また、排気ファン付のガス給湯器（半密閉式・FE型）が同じ住居内に設置されている場合は、浴室ファンと比べ性能が劣るので、能力ダウンの割合は大きい。したがって、給気口の大きさが不足または閉鎖されている場合は、不完全燃焼を起こす。

　煙突のみのガス風呂釜は換気扇類運転時の給気口となり、不完全燃焼ガスが浴室に逆流するので使用禁止とする旨、平成7年の建築設備士講習会で東京消防庁の方からお話があったが、一級建築士も知っておくべきことであろう。

(6) 給湯方式の変化とガス湯沸かし器（ガス温水器）の変遷

ガス燃焼機器の最大の問題点は不完全燃焼によるガス中毒事故である。設置された燃焼機器形式と室内環境（サッシの気密性・適切な給気口の有無・排気ファンの能力など）により、トラブル発生状況が異なるので、室内に設置するガス器具と気密度・換気設備の関係について以下に述べる。なお、燃焼機器の形式は（財）日本ガス機器検査協会発行「ガス機器の設置基準及び実務指針」（略称黒本）による。

①風呂と給湯方式の変遷

戦後しばらくは内風呂のある家庭は少なく、一般庶民は銭湯を利用するのが普通であった。五右衛門風呂もあったが、内風呂のある家でも外釜式が多かった。内風呂が普及したのは、小判型檜製浴槽にガス燃焼器（風呂釜）が付いたものが開発されてからである。この燃焼排気ガスは排気筒で浴室内に開放されていたが、換気口や換気扇もなかった。筆者の若い頃の自宅でも昭和40年代の終わり頃にバランス釜に取り替えるまでまったく支障はなかった。そのぐらいに昔の木造住宅はサッシも木造で隙間風が多く、冬はすごく寒かった。

浴槽の水を直接加熱する風呂釜は、木製浴槽組込み型から、単独の風呂釜となり、これに煙突を付けて外部に排気を出す型（CF型）を経て、バランス釜（BF型）となり、現在でも使用されている。

一方、給湯設備は台所に設置された小型湯沸かし器による局所式であったが、経済成長とともに洗面所・浴室にも給湯するセントラル給湯システムが一般的となった。それとともに、浴槽加熱は落とし込み方式が主力となり、新築マンションや住宅では燃焼器は浴室から姿を消した。また、ガス給湯器には暖房兼用、追い炊きなど、さまざまな機能が付加されるようになった。

②開放式燃焼機器の場合（図5-4-6、図5-4-7）

昔の浴槽一体型風呂釜のように、ガスコンロ、ガスストーブ、小型湯沸かし器など「燃焼用の空気を屋内からとり、燃焼排ガスをそのまま屋内に排出する方式」を**開放式**という（黒本）。このタイプの機器の運転

4 換気のトラブル

第5章

図5-4-6　開放型燃焼機器と換気の関係

図5-4-7　開放型ガス風呂釜と換気の関係

には換気設備運転が前提であるが、気密度が低い（隙間が多い）場合には、換気扇や給気口がなくても特に支障がなかったケースが多い。使用者側でも危険性をある程度把握できるので、換気口や窓の開放・排気設備の運転など適切な運転管理で対応可能である（もちろん事故が皆無であったわけではないが…）。

③煙突式風呂釜（CF型・半密閉式）の危険性（図5-4-8、図5-4-9）

　換気扇を運転すればよいということであっても、燃焼排気ガスはできるだけ室内に充満させずに直接外気に排出することがのぞましい。したがって、「燃焼用の空気を屋内からとり、燃焼排ガスを排気筒で屋外に排出する方式のガス機器（黒本）」として、自然通風力による自然排気式（CF式）と排気用送風機を用いる強制排気式（FE式）が開発された（図5-4-8）。

図5-4-8　自然換気式半密閉型風呂釜

しかしスチールサッシに代わりアルミサッシが普及し、建物の機密度が高くなると、ガス燃焼空気の自然通風力に頼る煙突式風呂釜は、図のように換気扇類の運転により、排気ガスが逆流、不完全燃焼となって人身事故が多発した。図5-4-9は平成7年建築設備士更新講習会テキストに掲載されたものを絵にしたものであるが、テキストでは「機密性の向上のため調理室等での換気扇の運転により、調理室等が負圧になるだけでなく、浴室も負圧となり、排気筒から燃焼排ガスが逆流し不完全燃焼を起こす」と、人身事故の原因となるということでこの型の風呂釜の使用を禁じている。同様に、自然排気と機械排気のダクトシャフトの同時使用も禁止された。

図5-4-9　換気するほど危険が迫る①（CF型風呂釜の危険性）

4 換気のトラブル

第5章

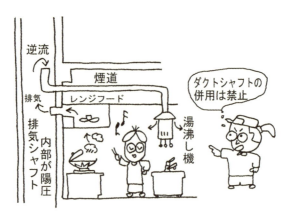

図5-4-10　自然換気と強制排気のダクトシャフト併用の禁止

　図5-4-9、**5-4-10**の場合でも、サッシのグレードが低かったり、レンジフード排気用の給気口が十分な大きさであれば事故は発生しなかったのであるが、サッシのグレードアップ、レンジフードの能力アップにより、**換気をすればするほど危険が迫る**という危険な欠陥商品になったものといえる。

④中途半端なタイプのFE式給湯器（P社人身事故機種）

　自然通風タイプが駄目ならば、煙突に排気ファンを組み込んだり、排気ファンを給湯器内に組み込んであるFE式給湯器ならば問題なかろうとは誰でも考えることである。しかしこれも室内気密度の上昇とともに、換気設備の状況によっては安全ではなくなったため、安全装置（不完全燃焼時の運転停止装置）の取付けが義務づけられようになった。しかし、安全装置が取り付けられても、その後の気密度の向上、換気設備機器の性能アップに対応できなくなると、給湯器の運転停止が頻発した。風呂に入れなければ欠陥住宅であるから、給湯機の機能維持のためには安全装置の改造が必要となる。その結果が、P社の給湯器の不正改造とそれに伴う人身事故である。これも**換気するほど危険が迫る**事例である。

　大手デベロッパは、早い時期にマンションの給湯器としては若干コストが上がっても、安全性の高いバランス式、FF式、屋外設置型の採用

にシフトしていた。ちなみに、筆者の経験ではマンションの設計はたくさんあるが、このタイプのものはまったく採用していない。事故に対する筆者の感想は「あんなものまだ作っていたのか？」で、OBの建築設計者の意見も「あんな怖いものは使えませんよ」であった。

　FE式湯沸し器の問題点は給気口および窓の隙間からの空気が、ガス湯沸し器だけでなく、他の換気設備のファンと引っ張り合いになることである。通常はレンジフードや浴室換気扇の方が強力である。したがって気密度が高まると、ガス湯沸し器の排気量（必要燃焼空気量）が少なくなり、不完全燃焼で安全装置が作動するのである。最悪の場合は不完全燃焼ガスが逆流し人身事故に至る（図5-4-11）。

図5-4-11　換気するほど危険が迫る②（FE式湯沸器の危険性）

　このタイプの給湯機も、煙突式風呂釜の場合と同様に、室内の換気設備の内容（気密度の程度）が事故の発生に関連するのがこまる。因果関係を把握していないと、設置場所を選ばない、機能が単純で機械の価格が安いとの理由で設計者はこのタイプを選んでしまうのである。

　事故発生はワンルームマンションやアパートに多く発生している。ファミリータイプのマンションや住宅では部屋数に応じて給気口やサッシの隙間もあるので、気密度が高くても不完全燃焼や着火不良にならない程度の燃焼空気量は確保できる。部屋数が少なければ給気口や隙間の面積も小さく、そこからの少ない空気を浴室換気扇と給湯機ファンとで引

4 換気のトラブル

第5章

っ張り合って、トラブルが発生した。

この型の給湯器の特徴は、構造が単純なため単価が安く、設置場所に制約がないなどのメリットが評価されワンルームマンションやアパートなどで採用されたものである。まずいことにこれら小規模マンションでは住戸全件でのサッシの隙間などが少なく、ファミリータイプのマンションと比べ気密度が高かったことも事故発生が多かった原因である。

⑤住宅の気密度アップに対応したガス給湯器

燃焼器にファンを付けても、上記のような危険を完全になくすことはできない。安全対策としては生活空間とガス燃焼室が同一空間にならないようにすることである。具体的には、屋内空気と隔離された燃焼室内で、屋外から取り入れた空気により燃焼し、屋外に燃焼排ガスを排出する方式のガス機器」（黒本）をいい、自然通気力により給排気を行う自然給排気方式（BF式）と、給排気用送風機により強制的に給排気を行う強制給排気式（FF式）とがある。いずれも燃焼系と室内排気系との空間が隔離されているため、排気ガスの室内への流入を防ぐ方式であり、室内の気密度とは関係がなく、安全上好ましい方式といえる。

その他、給湯器を屋外設置形とすれば安全性は完全であり、現在はこれが主流である。

（7）高気密化に伴う、住宅・マンションの換気トラブル

住宅・マンションのトラブル相談について「NPO住宅110番（http://npo.house110.com/）」というサイトがある。筆者はこのサイトで、ボランティアの回答者をしているが、ここでの換気設備の相談事例には、現役時代にはお目にかかったことのないトラブルが多く見られるので、現役時代と合わせマンション換気設備の変遷とトラブルの実態を実感している。現象は多様であるが、トラブルの原因はほとんどが給気面積（給気口＋サッシ等の隙間）の不足によるものであり、厨房レンジフード運転時に発生している。

6 マサカ レンジフードを運転すると厨房流しから空気が逆流

①筆者が相談を受けた老人ホームのトラブル事例では、給気口を閉じると厨房流しから空気が逆流した（図5-4-12）。

②レンジフード運転時のドアの圧力は実測値で19kgあり、老人では開けられない。扉面積を$2m^2$と仮定すると、ドアにかかる圧力は100Pa（パスカル）近くになり、レンジフードの吸い込み圧力の高さを示している。

③ドアの圧力に関する規定は建築基準法では特別に定められていないが、高気密が一般的となっている現状では、ある程度の数値目標を決めるべきである。

④玄関ドアが重いのは以前からあったトラブルであるが、気密度が上がった分ドアは重くなっている。

⑤某デベロッパから聞いた話しでは「子供が開けられないような住宅」ということでペナルティを取られたこともあるとのことである。

図5-4-12　厨房流しから空気が逆流

4 換気のトラブル

第5章

7 レンジフードを運転すると風切り音が発生
マタカ

① レンジフードの風量は大きく、力も強い（静圧が高くても排気できる）ため、給気口面積が不足したり、閉じられていた場合はサッシの狭い隙間から吸い込むため、風切り音が出る。
② 給気口の形状・位置によっては流入する風が、居住者に当たり、寒いので閉じられてしまうことがある。
③ 給気口の位置形状は閉じられないことに配慮し、形状は流入外気が拡散するようなタイプとし、外壁の高い位置に設置する（冬は暖かい空気は天井近くに溜まる）。

8 便所排気口からの逆流
マサカ

① 某リゾートマンションで、レンジフード排気に見合った給気口が付いていなかったので排気が逆流した[10]。
② レンジフード運転用に壁付きスイッチ（ON-OFF）があったので、「弱」運転のみの回路とした。
③ その他、戸建て住宅で厨房換気口を閉じたため、便所から逆流、臭気が居室内に流れた事例がある（図5-4-13）[10]。
④ 類似事例で、排気口をバルコニーで下向きとしたため、厨房排気がバルコニーに滞留し、同じ場所に排気口のあった浴室・便所に臭いが逆流した（図5-4-14）[10]。

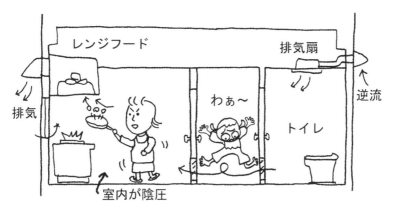

図5-4-13　トイレからの逆流

図5-4-14　厨房排気がトイレに逆流

4 換気のトラブル

第5章

9 マサカ 24時間換気を行って中枢神経機能障害になった

①新築1LDK賃貸マンションに入居後、室内が油で汚れるので、レンジフードを連続運転した。

②厨房排気がショートサーキットにより給気口に回り込み（図5-4-15）、内装材の化学物質が排出されずに濃縮され、体調を崩して入院するにいたった。

③病名は中枢神経機能障害と認定された（シックハウス現象の初期段階であったので病院から、適切な治療は受けられなかった）。

④給気口を閉じ、バルコニーの扉を開けることで、体調はやや回復したがその後も後遺症で悩まされている。[10]

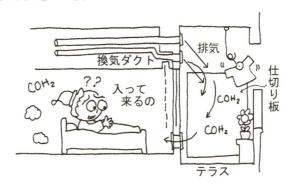

図5-4-15　24時間換気で病気になった

⑤設計者は、排気口と給気口の位置はレベル的にずらして配置したが、排気口のガラリの向きと、コンクリート製の手摺りのせいでショートサーキットとなることまでは気が付かなかったものである。

⑥この事例では事業者をはじめ20人近くの者が調査して、ショートサーキットを見つけられなかったという、居住者にとっては気の毒な状況もあった（詳細は［マンション設備『マサカ』の話］参照）。

10 給気口の面積不足で洗濯パンから臭気が逆流
マサカ マタカ

① 2LDKの賃貸マンションで、レンジフード運転時に洗濯パンから臭気が入ってくる（図5-4-16）[10]。
② 窓を開ければ改善されるということであるから、給気口が小さいことが考えられる。
③ このトラブルはNPO住宅110番への相談が多い。相談から想定すると、居室用給気口（100φ）は設置されているが、厨房排気用の給気口（排気量によるが200～300φ）は設置されていない模様である。

図5-4-16　排水口からの臭気の逆流

11 二重管式ダクトの排気逆流
マサカ

① 筆者は使ったことがなかったが、ひところマンション用に二重管式ダ

4 換気のトラブル

第 5 章

クトが使われた。

② 某マンションでは排気口に外部は化粧蓋で囲ってあり、パンチングメタルを取り付けてあった。

③ パンチングメタルが目詰まりしており、これが抵抗となって浴室排気が便所に逆流した（図5-4-17）[10]。

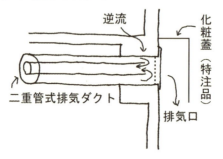

図5-4-17　排気が逆流

④ 対策としては、パンチングメタルの取り外しと、浴室・便所それぞれのファンの同時運転を提案した。

12 マサカ　リニューアルを行ったらコンセントから隙間風

① 古い戸建て住宅で、サッシだけでなく全体的にリニューアルを行って気密性を高めたところ、同時給排型にしたにもかかわらず、レンジフード運転時にコンセントから風が出てくるという相談があった[9]。

② 以前から給気口は付いていなかったというので、給気口の取付けをアドバイスした。

リニューアル以前は、給気口を必要としないほど気密度が低かったということである。

13 換気不足で初夏まで結露となった建築基準法不適合

マサカ

①この事例では4月末入居して以来、7月上旬まで、寝室の窓に毎朝結露が発生した。寒い時期なら仕方がないが、時期的におかしいということで相談を受けた。筆者にとっても『マサカ』であった（図5-4-18、図5-4-19）。

②就寝は親子2人で、就寝前に窓を開放して空気を入れ替え、給気口全開で24時間換気運転を行った。

③デベロッパの見解は原因不明であった。

④風量測定した結果、浴室などからの排気量の合計は、各居室の必要有効換気量（0.5回/時）を上回っていた。

⑤しかし各室レジスタの給気量は、住宅居室に要求される0.5回/時を下回り、結露の発生した部屋では0.3回/時であった。どこから余分な外気が入ってくるか調べたら、厨房給気用にパスダクトがあった。

図5-4-18　結露の付いたサッシ

4 換気のトラブル

第5章

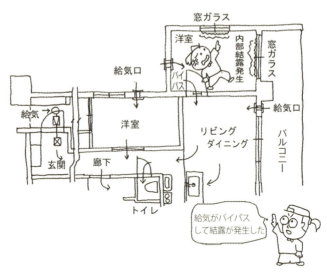

図5-4-19 窓面結露となった排気の流れ

これが電動ダンパで閉鎖されるようになっていなかったため、外気が流入したのである。

⑥ 結露の発生は人体からのもので、発生量を50g/h・人とすると、7時間で缶ビール1本分となる。換気量が少なくても、季節的には換気で結露は防げると思ったが、もう1つ結露要因があった。

⑦ 結露した部屋は、4LDKでリビングルームの横にはみ出た部屋であったが、給気口のすぐ脇に、居室へのドアガラリがあった。これは〈**建基法施工令第129条2の62ニ「給気口および排気口の位置及び構造は……著しく局部的な空気の流れを生じないようにすること」**〉に不適合である。給気口位置がドアガラリの対角線側にあれば、結露は発生しなかったと思われたので、筆者は給気口の不適切な配量と換気量不足が結露の原因と考えている。

(8) その他の換気に関するエンジニアリングトラブル

① エアコンドレンの排水不良による漏水：室内に漏れるほどでなくとも、エアコンドレンの出口で水が跳ねているのはよく見かける。エアコン

ドレン排出用トラップは別売されている。
②フィルタ付き換気口から空気を吸わない：気密の程度にもよるが、フィルタを付けたら風量の低下は当然のことである。戸建て住宅の場合は全体の隙間が多いが、マンションの場合は隙間が小さいので風量低下の割合は大きい。フィルタ付き換気口（給気口）は望ましくない。
③台所のリフォーム工事で、換気扇をレンジフードに取り替えて、湯沸かし器の（FE型・P社事故タイプ）着火不良が頻発した[7]。ついでにサッシをリニューアルして気密度を高めたら、P社事故の二の舞となるところである。
④そのほか高気密化に起因するものではないが、基準法改正に伴う居室の機械換気設備関連トラブルには以下のようなものがある。
 ・24時間換気で寒い／うるさい……停止または間歇運転
 ・24時間換気で耳鳴り…第2種換気の事例（飛行機に乗った感じ）
 ・24時間換気で、花粉症が止まらない
 ・全熱交換器の氷結と漏水（寒冷地）
 ・24時間換気の給気が、厨房排気ダクト経由で逆流したため、厨房内に毎朝厨房臭気が充満
⑤騒音トラブル（第2章）…暗騒音はNC-20以下にもなる。

(9) 2種類の第3種換気

①換気設備の種類

　換気設備には第1種から第3種まであり、換気扇メーカのカタログにも、さまざまな名前をつけた換気システムを紹介している。換気方式は強制給排気と自然給排気との組み合わせとなっている。ここで問題となるのが強制の形である。強制給排気側では、給気・排気どちらも、対象室の空気は換気扇で直接給・排気されるか、吹出口・吸込口経由でダクトに接続され給排気用機器（ファン）で給排気される。

　しかし、住宅居室の換気に関しては、第1種、第2種はともかく、第3種換気としては2種類のものが紹介されている。1つは各室に吸込口を

4 換気のトラブル

第5章

設け、ダクトおよび共用ファンで排気を行う方法である（**図5-4-20**）。もう1つは、ドアガラリやアンダーカット経由でいったん廊下を導かれ（もう一度ドアガラリやアンダーカット経由で）浴室・便所などから排気される方法である（**図5-4-21**）。

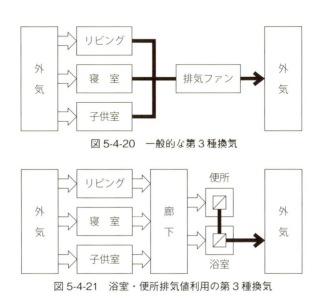

図5-4-20　一般的な第3種換気

図5-4-21　浴室・便所排気値利用の第3種換気

そもそもこの図5-4-21のような換気の形を、居室の第3種換気と定義付けてよいのであろうか。給気側、排気側とも強制給排気機器に接続されておらず、いうなれば廊下がダクトとなっている。この場合は、気密性の程度により隙間風の侵入があるので、各室の風量の確保は難しいし、もちろん風量バランスなど取れるわけはない。

設備の技術者なら、図5-4-21と図5-4-20が同じ機能とならないのは説明の必要もないであろう。

廊下をダクトと考え、必要風量を確保し各室のバランスをとるために、建物の気密度を高めるというのでは本末転倒といえる。第3種換気なら、各居室に専用の排気ファンを設置するか、共用ファンを用いる場合は、

各室までダクト延長すべきである。その場合は、各室に給気口があれば問題ない。

　換気設備はエンジニアリングの範囲である。換気量を確保するためには、換気方式で解決すべき問題であって、建物の気密度を上げて対応しようなどというのはナンセンスである。エンジニアリングで解決すべき問題を建築的に解決しようなどと考えてはいけない。マンションはともかく、RC造以外の一戸建て住宅で図5-4-21方式を採用するのは好ましくない。

②気密度を下げるさまざまの隙間

　高気密住宅には計画換気が必要であると、よく言われるが、正しくは計画換気をするためには、住宅の高気密化が必要であるとのことである。

　図5-4-21を機能させるためには高気密化が必要であろうが、住宅・マンションには以下のように完全に気密化できない箇所がたくさんある。

・厨房レンジフードの排気ダクト：これには逆流防止ダンパが付いているが、簡便な形であるため、気密度が上がると24時間排気ファン運転時に逆流し臭気トラブルの可能性がある。

・厨房給気用の給気口：ダクトがある場合、レンジフードと連動したダンパがなければ、24時間換気用の給気ルートとなる。電動シャッタ付きの給気口などがあるが、これの気密度も？である。

・建築関係では、サッシの隙間以外に玄関扉、郵便受け、鍵穴などが機密性に関係し、電気設備のCD管も流入経路となる。

　図5-4-21の換気設備は、一般マンションでよく見られるが、換気回数0.5回/時では、一人当たりの必要外気量30m^3/時には及ばないので、気密度の高い住戸では、就寝時の寝室のCO_2濃度が1000ppm以上となるケースも多いのではないかと推察される。

5 臭気のトラブル

　臭気のトラブルは換気設備系のトラブルと、排水設備系のトラブルがある。
　換気系の臭気トラブルは設計者でなくても予測可能である。したがって、建築・設備設計者は臭気を伴う排気や煙突の煙の行方に関心をもつ必要がある。排水設備系の臭気は主にトラップの封水切れが原因であり、エンジニアリングトラブルであるが、住宅・集合住宅などでは建築設計者が設備計画をまとめることが多いので、注意事項を述べる。

5-1 換気設備系臭気トラブル

　臭気トラブルのキーワードは、「臭いは風に乗って運ばれる」である。臭気トラブルの発生源は、厨房排気、排水管通気口その他であるが、いずれも風と関係がある。以下のようなトラブルになる場合はおおむね風の流れが関係している。臭気トラブル防止には、排気ガラリの臭気がどのように流れるかを想定することが必要である。

(1) 臭気トラブルのパターン

　臭気トラブルが発生するのは換気設備の不具合といえるが、そのパターンは限られており、建築計画・設備計画で対応されることが多い。したがって類書に『マタカ』のトラブルは少ない。

①排出した臭気が、近隣のビルや住宅に流れてトラブルとなる。
　・排気ガラリをどちら側に向けたらトラブルにならないかは、建設地を見れば判断できる。建築計画の初期から配慮しておいてほしい。
　・この場合は騒音トラブルにも注意が必要である。
②排出した臭気がショートサーキットで、自分のビルの給気口や開口部から吸い込まれ、建物内に臭気が流れる。
　・これは、排気ガラリと給気ガラリのレイアウト・配置の問題である。
　・排出された臭気が、建物周辺の風の影響でショートサーキットしないように、計画をすれば問題はないが、図5-5-1のようなトラブルもある。
　・排水管通気口からの臭気も、風に運ばれて臭気が窓から侵入することが多い。これについては次項に述べる。この場合の風は微風である。

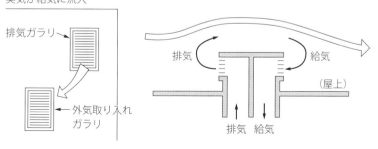

図5-5-1　やってはいけない2大事例

③近接建物の臭気が、自分の建物の外気取入れ口から侵入する。
　・これも現地を見ればわかることである。ただし、平面・立面的に離れていても、隣のビルとの隙間が狭い場合は、風の流れで臭気が侵入することもある。

(2) 排気ガラリ配置上の注意

上記パターン防止のため建築計画で以下の配慮を行う。
①隣接ビルやマンションに向けて配置しない。
②道路側でも低い位置に配置しない（風向きによっては通行人に不快感を与える）。
③隣接ビルからの臭気・排気を吸い込まない位置に配置する。

ショートサーキット防止のためには、風の流れに配慮して、給気ガラリ排気ガラリの配置計画を行うことが重要である。風の流れについては上流側は正圧、その他は負圧となるが、風の方向は一定ではないので経験的には次のようなことがいえる。
①同じ立面に配置しない。
②同じ立面に配置するときは、上下、平面的に十分距離を離す。
③給気と排気ガラリの位置を90°ずらした、おのおの別の壁面に置いた場合も同様である。
④同上の場合、角に近い部分に排気ガラリを設置しない。風に乗って角を曲がって臭気が流れる。

(3) 臭いが風に乗って運ばれた事例

拙著にある、『マサカの臭気トラブル』についてはタイトルと、概要についてのみ述べる。いずれも厨房排気のOAガラリへの回り込みの事例である。計画の時点で上記のような配慮をしてあるにもかかわらず、トラブルになったのであるから『マサカ』の話なのである。
①排気が広い外壁を伝わって流れた（図5-5-2）

某再開発ビル（ホテル・百貨店など）で従業員食堂の排気が、事務室系統OAに混入した。ガラリ位置は同一壁面であるが、平面距離は約35mあり、かなり離したつもりであったが、「コアンダ効果」により外気ガラリに臭気が流れた。
②広告塔に囲まれ、排気は予想外の方向に流れた

某大型デパートでは40m離れた別々の塔屋で給排気を行うよう計画

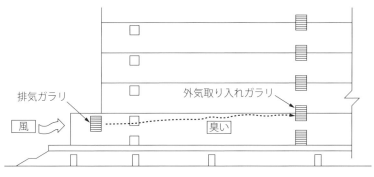

図5-5-2　臭いは風に乗って運ばれた

されていたが、排気ガラリがネオン広告塔に囲まれ、排気が**図5-5-3**のようOAガラリより吸い込まれた（これもコアンダ効果による）。対策としては広告塔の囲いの中にダクトを立ち上げ上方に放出した。

図5-5-3　広告塔に囲まれ排気は予想外の方向に流れた

③風速が低いと風に負ける（**図5-5-4**）
①某ビルでは排気はペントハウス屋上から上に吹き上げ、給気はペントハウス側面から取り入れた。
②排気風速が遅かったため、ペントハウス屋上を這ってきた風が回り込んで臭気が給気ガラリに吸い込まれた。
③対策としては外気取入れダクトを延長したとのことである。

5 臭気のトラブル

第5章

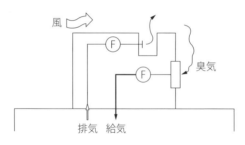

図5-5-4 風速が低いと風に負ける

5-2 排水設備系臭気トラブル

　排水設備系の臭気トラブルの原因は、トラップの機能不備と排水通気口からの臭気の漏洩である。いずれも一般的にはエンジニアリングトラブルであるが、住宅・集合住宅の設備計画には設備設計者のかかわり方が少ない場合があるので、技術の狭間として紹介する。

（1）排水設備に関する建築基準法の規定
◆（建築基準法施工令）第129条の2の5
　建築物に設ける給水、排水その他の配管設備の設置及び構造は、次に定めるところによらなければならない。
1、2、3 ──（省略）
二　配管設備には、排水トラップ、通気管等を設置する等衛生上必要な措置を講ずること。
五　前各号に定めるもののほか、安全上及び衛生上支障のないものとして国土交通大臣が定めた構造方法を用いるものであること。⇒昭和50年建設省告示1597

（2）トラップの機能障害
　トラップが機能しないと臭気が漏れるのは当然であり、建築基準法でも排水器具にトラップを、排水管に通気口を取り付けることが規定され

ている。
①高気密住宅での、給気口不足によるレンジフード運転時のトラップ封水切れ

1 洗濯パントラップからの臭気の逆流
マタカ

相談事例①

《新築賃貸マンション7階建ての6階（2LDK）に入居したのですが、洗濯盤の排水から異臭があがってきます。**キッチンの換気扇を使うと排水溝から勢いよく風が入ってきて臭いがします。**また部屋中のドアもとても重くなります。窓を開けるととりあえずは解消されますがいつも窓を開けておくことはできません。原因はなんでしょうか？また解消法を教えて下さい。》[10]

排気トラブル事例10の相談文である厨房レンジフード用の給気口の面積不足は明らかである。マンションの気密度はかくも高くなっているのである。同じような相談はたくさんある。

②トラップがなければ臭気が上がる

「NPO住宅110番」の回答者を引き受けるまで、トラップの無い建物があるとは思わなかった。洗濯機排水は洗濯パンに組み込まれたトラップで臭気を防ぐが、個別住宅用には洗濯機排水ホース用排水口がある。これにはトラップ付きのものとトラップなしのものがあり、トラップなしの場合は臭気トラブルになるのはいうまでもない。

なお、排気管へのトラップの設置は建築基準法に定められている。

5 臭気のトラブル

第5章

2 マサカ トラップがないため排水口から臭気が上がる

相談事例②

≪賃貸マンションの1階に住んでいるのですが、洗濯機の排水口から臭いがあがっていてその臭いが洗濯機から出ています。排水口にはトラップがないです。洗濯機から臭いがするのでホースのところをシリコンコーキングしても意味がないですよね？対策としてはトラップを付けるのがベストでしょうか？≫[10]

　回答はいうまでもないことなので省略する。そのほかの110番での相談事例では、ハウスメーカの営業マンから、「最近はトラップがないのが、はやりです」と言われたりと、トラップの必要性を理解していない事業者もいる。

　なお、インターネットで「洗濯機の臭い」で検索すると、カビやトラップ不備による臭気トラブル事例がたくさんある。カビについては、これを除去する洗剤（現在製造中止）を使用したため下の階で洗剤の泡が噴出したという事例が、「マンション設備のトラブルと対策」にある。

③戸建て住宅で通気口がない場合は、3階に水場があるとトラップの封水が切れる

3 マタカ 3階建て住宅の排水ゴボゴボ音と臭気トラブル

相談事例③

≪2世帯木造3F建てで、1階と2階にキッチン・風呂・洗面・トイ

レ、3階にトイレ・洗面がある家を新築しましたが、排水音の問題でこまっています。[10]

　1階のトイレを流すと、1階キッチンの排水口がゴボゴボ（ゴロゴロ）いう。2階のトイレを流すと、1階と2階のキッチンの排水口がゴボゴボいう。3階のトイレを流すと、3階洗面の排水口がゴボゴボいう。3階はゴボゴボした後は、U字トラップから水が吸引されて抜けてしまうらしく、都市ガスのような異臭がします。カウンターキッチンなので、食事中にトイレを使ったことがわかるなど、非常に気分が悪い状況です。3階の洗面台は、旧来のものが割りと新しかったので、そのまま流用しており、住宅メーカはそれを原因にもっていきそうな雰囲気です。T社の洗面台ですし、私はU字トラップで差が出るとは考えていません。

　よく水の流れる音は問題にされていますが、ゴボゴボ音に関するクレームはあまり見当たりませんが、普通はこんな音はしないものなのでしょうか。それとも神経質すぎるのでしょうか（3歳の娘が"何の音？"というくらいですからそうとは思わないんですが）。》

　これは通気管・通気口不備による排水機能不備である。戸建て住宅では、排水管の管径を上げることにより、通気管を省略することができるが、3階建てでは無理である。町の水道屋さんは、2階建てで問題ないから3階建てでも問題なかろうと考えたものであろう。最近は2階建てでも封水切れがあるようで、排水管の頂部を伸ばして通気口を設けている住宅をよく見かける。

(3) 通気口からの臭気の漏洩

　排水管通気口の建築開口部からの離隔距離は建築基準法に定められているが、集合住宅の通気口は平面プラン上この規定に適合しにくい。また規定どおりに設置されていても、風に運ばれて臭気が窓から侵入することが多い。トラブル防止のため分譲マンションでは通気管を屋上に立ち上げているが、これを知らないと以下のようなトラブルとなる。

5 臭気のトラブル

第5章

4 バルコニーの異臭

マサカ

相談事例④

≪新築マンションを購入して1年になりますが、バルコニーに出ると異臭がしています。最初はどこから異臭がするのかまったくわからず、何度か異臭のもとをたどるとバルコニー換気口からでした。

しかし、あまりの異臭（強烈なアンモニア臭）なので変だと思い施工業者に連絡しました。わかったことは、それは換気口ではなくトイレ汚水排水溝がそのまま通気をとるためにベランダに抜けているということでした。上の階との構造が異なり、廊下も内廊下なため、バルコニーに出さざるを得なかったとの回答でした。

どこのマンションでもそうしているということで欠陥ではないとのこと。いずれ慣れますよとのことでした。この異臭のおかげでサッシを開けて部屋の換気をすることもできません。この異臭のお陰でノイローゼになりそうです。

そこで質問ですが、どこのマンションでもこういったことは普通にあるのでしょうか？この通気口を勝手に塞いでもかまいませんでしょうか？お教え願います。≫[10]

「いずれなれます」とはあまりに無責任である。通気管だけであれば、天井内で振って屋上に立ち上げることも可能であるし、通気弁で対応することもできる。回答では通気弁をアドバイスしたが、このレベルの設計者、施工業者もいる。

住宅設備や小規模な賃貸アパートなど設備設計者が関与しない場合もある。建築設計者も、顧客の立場で設備トラブルに関心をもってほしい。

6 結露のトラブル

結露トラブルは換気設備との関連が大きい。そのため、トラブルの原因や対策が換気設備に収斂され、本来配慮されるべき建築的対応がおろそかにされることがある。

6-1 水蒸気と結露の常識

結露トラブルの防止には、結露の原理原則を知ることが必要である。したがって、外壁面の断熱や、室内水分発生の抑止、それでもダメな場合は除湿器の設置ということになる。

①湿気（水蒸気）は水蒸気圧の高いところから低いところに流れる。

　この水蒸気圧の差は大きいと、吹き付け断熱材と外壁コンクリート壁との間に結露させ、カビが発生することがあるほどである。したがって少しでも隙間があれば、上記現象が起きる。拙著『マサカ』の話では、電線管を通じて湿気が流れたトラブル事例をあげたが、結露トラブルを防ぐには水蒸気圧の高いところを探して、水蒸気圧が低いところへの湿気（空気）の流れを止めることが有効である。

②表面温度が低いところに結露が発生する。

③結露を止めれば、断熱性能の弱いところに結露する。

④結露には夏型結露と冬型結露がある。さらに外部結露と内部結露がある。

6 結露のトラブル

第5章

1 外壁でなくても結露は起こる

マサカ

① 集合住宅における、結露防止のための断熱範囲は、結露防止対策を行うにつれて範囲が徐々に広くなっている。
② 当初は北側壁面だけの断熱であったが、次第に梁や柱も断熱し、北側以外の外壁も断熱、スラブや躯体内壁も外壁より1mまでは断熱されるようになっている。
③ 平面計画もこれに伴い外壁側には物入れは設けないようになっている。
④ マンション階段室側の壁ももちろん断熱対象であるが、一般ビルの場合は内階段室の壁温度が低く、断熱がないと室内側に結露が発生することがある（**図5-6-1**）[4]。

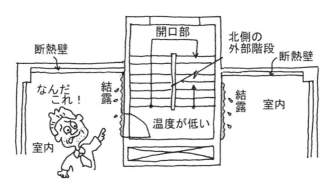

図5-6-1　外壁でなくても壁が結露に

2 吹出し口の結露
マタカ

①吹出し口の額縁は、冷房時は吹出し空気に冷やされていて冷たい。したがってここに暖かく湿度の高い空気がふれれば、結露が生じるのは当然である。

②吹出し口結露が発生するのは、空調処理されていない生外気が空調（冷房）されている空間に流れ込む場合である。具体的には、冷房設備のある風除室、ホテルや大型施設のロビー、大型厨房、食料品売場などである。

③特に、夏型リゾート施設では開放的な空間が求められるので、外気が浸入しやすい（図5-6-2）。

④設備側の対応（エンジニアリング対応）は、吹出し口に電気ヒータ取付け、吹出し口の材質変更（樹脂製、木製など）であるが、大きな空間で外気が大量に浸入するような箇所では建築的な配慮も必要である。

図5-6-2　吹出し口の結露

6 結露のトラブル

第5章

3 鉄骨造＋ALC版構造の冷凍・冷蔵庫で天井内に結露

マタカ

①冷凍・冷蔵用建物には結露の要因がたくさんあり、設計者・施工者はそれなりの注意を払っているが、それでも落ちがあるということである。

②某物流センタ冷蔵施設では、－25℃、0℃、10℃の各室に囲まれ、常時冷やされている天井内に、外部から流入した空気が冷たい天井パネル面に触れて結露した（図5-6-3）。

③屋根は折版構造であり、隙間を完全に塞ぐことは不可能であった。

図5-6-3　冷蔵庫の結露

④同じような構造のケーキ工場では、給気ファンを停止し、排気ファンのみを運転していたため、建物内が負圧となり、隙間から侵入した外気が天井裏で結露し、カビが発生した。

⑤同様に、搬入口のスチールシャッタ周辺の隙間が、天井内につながっている事例もあった。

⑥このような構造の建物で結露を防ぐことは難しく、設備設計者の立場からは、隙間の少ないRC構造であることがのぞましい。

4 結露しやすい地下住宅・半地下住宅
(マタカ)

①最近はマンションの適地も少なくなり、また収益性を重視して、地下住宅・半地下住宅・斜面住宅などが多く計画されている。しかし地下水位や水道（みずみち）に配慮しないと結露トラブルになる。

②ドライエリアや二重壁の配慮は必要条件である。雨水トラブルの項で述べたような浸水防止配慮も当然のことである。

③マンション地下のトランクルームの夏の結露対策として間欠運転の換気設備を24時間運転したら、かえって結露がひどくなったという話は、エンジニアリングトラブルであるが、建築設計者も知っておく必要がある。

④トランクルームの換気量は必要最小限とし、除湿機を設置することが最も有効である（図5-6-4）。

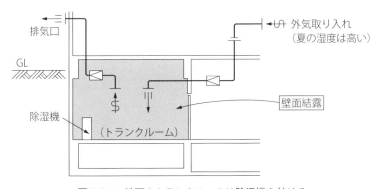

図5-6-4　地下のトランクルームは除湿機を付ける

6-2 建築設計者に知っていてほしい設備関連結露のトラブル[9]

①電線管に湿気（水蒸気）が流れる。
- プールピット内の湿気が、電線管を伝わって上階事務所に流れ、分電盤や電話端子盤に結露、電話の誤信が発生した。
- 地下ピット内排水槽の電極棒やレベルスイッチの操作線配管を伝わって、排水ポンプ操作盤内に結露が発生した。

②スイッチ・ボックス内に結露。
- 北側外壁や冷凍・冷蔵庫の壁に電線管を打ち込み、スイッチ・ボックス内に結露した。
- 結露ではないが、同様な状況で電線管内を冷気が流れ、サーモスタットが誤作動した事例もある。

③換気したのに結露が止まらない（換気するほど結露は進む）。
- プールの空気を便所の給気に利用、湿気の大きい空気が流れて器具類に結露した。
- マンション地下トランクルームで、梅雨時に換気運転して壁面結露（給気はガラリから外気供給）。
- 竣工前のマンションでトランクルームの換気運転を行い、天井一面にカビが生えた。

④ダクト内に湯気が流れる。
- マンション浴槽で蓋をしていなかったため、湯気（水蒸気）がダクト内を流れ、同じダクトを使用している便所の大便器が結露した。同様事例で排気口に結露、ドア枠に落ちて開閉時に数滴が落ちた。

⑤結露を止めればどこかで結露する（窓面結露は冬の除湿器）。
- 戸建て住宅では、最近は天井裏など目につかない箇所の結露やカビの発生が問題となっている。窓ガラスやサッシの断熱仕様を上げて結露は目に見えなくなっても、発生する水蒸気（人間、炊事、入浴、排気ガス室内放出型暖房機）を減らさなくては、熱貫流率が大きい

ところや、表面温度が低いところに結露する。
⑥火災報知機の誤報。
・一般ビルに冷凍・冷蔵庫が設けられた場合は要注意である。下の階のスラブに火災警報用の感知器があると結露による誤報が発生する。
・空調機のドレンパンの真下も同様である。
⑦除湿回路が無いビルマルチエアコン
・高級マンションでは、全室にエアコンが設置される。室内機・室外機が1対1のルームエアコンでは室外機が多くなるので、バルコニーの開放も兼ねて、屋上にマルチエアコン室外機を設置することがある。室内機も天井埋設型などでデザイン的に目立たなくすることもできる。
・ただし、一般のビルマルチ型エアコンは除湿回路が無いので除湿ができない。長期不在時に「オタカラ」がカビだらけになったトラブルを後輩から聞いた。

> **コラム**
>
> **◆外国製の水栓器具は水圧に注意**
> 　高級マンションやホテルのVIPルーム、オフィスビルの役員室などでは、以前は建築意匠設計者が外国製の水栓器具を選定することがあった。これら諸室は最上階に設置されることが多く、高置水槽方式の場合は水圧不足となる恐れがあった。昔の設備トラブル本には、事例をあげて注意をするように記述があったが、最近はこのトラブルは聞かない。加圧ポンプ方式が一般的となって、簡単に水圧を高く設定できるようになったからであろう。また、国産メーカの水栓類のグレードが良くなったせいでもある。

風のトラブル

　雨風を防ぐのが建物の役割であるから、出入り口からの外気侵入対策をケチってはいけない。輻射熱と同様、設備で対応が難しいのが風のトラブルである。

　「暑い寒いのクレームは設備」ということで、トラブル現場に立ち会うと、根本的原因は建築にあるというのが風・隙間風によるクレームである。

　冬期に足元が寒いというクレームは、1階エントランスロビーや吹き抜け大空間で発生する。もちろん原因は出入り口から侵入した冷たい外気である。出入口からの外気は床上を滑るように侵入してくるから、風の吹き込み対策・通り抜け対策が不十分である場合はクレームになることが多い。

　床暖房は密閉空間用であり、外気の出入りが大きいところでは対応は難しい。二重ドアでもドア間隔が狭いと、両方同時に開放されることがよくある。通常は出入り口周辺にトラブルが発生するが、風が流れやすい形態や、風の吹き抜けのルートができてしまうと足元が寒いというクレーム範囲は大きくなる。

　天井吊りの小型ユニットで温風暖房を行うことの多い昨今の空調システムでは、密閉空間であっても、大空間の足元を暖めるのは難しい。

　このような状況は、出入口と冬の風向の関係、風の入りやすい形状、風除室の有無など建築の形状に大きな関係がある。これらの情報が建築

設計者にフィードバックされなければ、以下のようなトラブルはなかなか減少しない。

①建物の配置・出入り口の位置は風の吹込み・通り抜けに配慮する

　計画上やむを得ない場合もあるが、基本的には冬の風向きの風上側には出入口を設けない。設ける場合は風除室を設け二重ドアとしているが、以下の事例のように効果がない場合もよく見られる。風の吹込み対策には、やはり回転ドアが効果的である。風の通り抜け対策としては出入口の位置を平面時にずらすことが必要である（図5-7-1）。

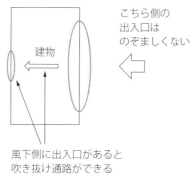

図5-7-1　出入口があると風は吹き抜ける

②床上の風は、コアンダ効果で奥まで流れる

　冬季の室内は暖かいので、冷たい侵入外気は床上を流れる。したがってコアンダ効果により奥の方まで届くことが多い。

1 ホテルロビーは足元が寒い
マタカ

　某ホテルで姪の結婚式があり、休憩していた1階のロビーのソファで

7 風のトラブル

第5章

春先にもかかわらず足元が寒く感じられた。二重扉の内側からは10m以上離れており、「コアンダ効果」で風が届いたものと思われる。その奥のラウンジではクレームになっていないのか気になった[9]。

図5-7-2　ホテルロビーの足元が寒い

2 侵入外気はエスカレータを下る
マタカ

出入り口近くにエスカレータがあると、侵入外気がストレートに地下階に流れ込む。店舗ビルであったが、売り場の店員から寒いとクレームが付いたことがある（**図5-7-3**）[9]。

図5-7-3　侵入外気はエスカレータを駆け下りる

3 受付嬢の足元が寒い

マタカ

①1階ロビーの受付嬢は、上記侵入外気が流れ込んで足元が寒い。このため受付嬢の机の配置は、ロビーの奥や玄関扉と直角に配置して、各ビルで風の侵入に配慮したものとなっている。

②内部に吹抜けを設けた某本社ビルでは、出入り口扉はもちろん二重で、風除室も大きくとり、受付嬢の机も奥の方に配置しておおむね問題はないという判断であった。しかしこの会社は、出勤時には扉を開放し、守衛が社員を出迎えるという社内風土があった。したがって受付嬢のところまで冷たい外気が流れ、足元が寒いというトラブルとなった。電気ヒータは設置したが、風の流れによる寒さには効果がなかった。

③似たような構造の某ゼネコンのビルでは、出入口ロビー脇に大きな吹抜け空間の打合わせコーナを設けており、竣工時に話題となった。出入口は風の吹込みに配慮して2階レベルにあり、正面がエレベータホールで、打合せコーナは鍵の手に配置してあり、侵入外気の影響が少ないように配慮されている。

④また某大型ビルでは人の出入りが多く、1階ロビーは外来者でも足元が寒い。受付嬢の周辺は側面から後ろまで囲ってあり、しかも座って対応するように、来客の目の高さに合わせて床を少し上げてあった。これに床暖房があれば十分である。

7 風のトラブル

第5章

4 マサカ 風の通り抜け通路ができてしまった

①風下側に出入り口があると、風の通り道ができるので、これに面した諸室で足元が寒くなる（図5-7-4）。

②筆者の経験したビルでは、1階の出入口が北面に、B2階出入口が西面であった。3層スキップの構造であり、内部階段により一体化された空間であったため、北面出入口からの冬の北風が西面出入口に吹き抜け、寒いというクレームになった[9]。

③竣工後最初の冬に外部に風除けをつけた。それだけでは十分でなかったようで、現在は出入口に温風ヒータ付きエアカーテンを設けてある。

④この他にも、風の吹き抜け通路ができてしまい、風上側出入口に扉や風除けをつけた事例はよく見かける。

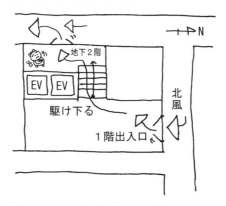

図5-7-4　出入口方位と階が違っても風の通路ができてしまった

5 足元が寒い地下の飲食店

マサカ

　冷たい風を防ぐには出入口で防ぐのが効果的である。設計時点では、外気の侵入に配慮し、ファンコイルユニットを風除室に設置しておいたが、工事段階で取りやめとなって、予想どおりのトラブルになったことがある。大型複合ビル地階の飲食店舗で、外部への直通階段近くのテナントから「足元が寒い」というクレームがあった（**図5-7-5**）。工事監理担当者と事業者側との合意の上でのことだったので責任問題にはならなかった[9]。

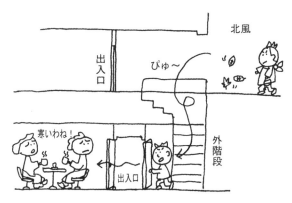

図5-7-5　足元が寒いレストラン

8 給排水設備のトラブル

8-1 給排水設備の機能不全

　給排水設備でもっとも多いのは3大トラブルの1つである漏水・溢水などの水のトラブルで、これは「エンジニアリングトラブル」である。建築計画・設計が原因となるトラブルに関しては、騒音・臭気など付随機能に関するトラブルはあるが、本来機能（水量・湯量不足、排水不良など）に関しては、雨排水を除き比較的少ない。

　その理由は、設備の対象が水・湯・排水の搬送であって、そのための配管設備は小さく、空調換気設備のダクトと違って、建築計画に影響を与える要因が小さいためである。

　また、排水設備に関しては、建築基準法に排水量に適合するように管径・勾配を決めることが定められており、設備技術者としては法的バックアップがあることが強みである（もちろん機能上もゆずれないが…）。

　排水管スペースで問題になるのは、スラブ上ではマンション水回りの床ころがし配管のスペースである。スラブ下では水周りの下の階の天井内スペースが必要であるが、特にホテル客室最下階やマンション最下階の下の階では、上階からの排水管をまとめるために大きな天井内梁下スペースを必要とする。これらスペースの取合いでは、建築設計者と設備技術者との間にミニバトルが発生することがある。この場合は、設備技術者が建築基準法の遵守を要求するのに対し、建築設計者が法違反を求

めるといった倒錯現象がみられる。

　また、地下の無い建物の場合、以前は1階土間コンクリート下に排水管（まれに給水管・ガス管）が埋設されることがあったが、メンテナンスや修理ができないので絶対にやってはいけない。建築計画の際に配管用ピットを用意しておくべきである。

建築基準法施工令　第1節の2　給水、排水その他の配管設備
（給水、排水その他の配管設備の設置及び構造）
□第129条の2の5
建築物に設ける給水、排水その他の配管設備の設置及び構造は、次に定めるところによらなければならない。(1、2（略）)
3　建築物に設ける排水のための配管設備の設置及び構造は、第1項の規定によるほか、次に定めるところによらなければならない。
一　排出すべき雨水又は汚水の量及び水質に応じ有効な容量、傾斜及び材質を有すること。(二、三、四、五（略）)

8-2 給排水設備の常識

　建築設計者も身に付けておくべき給排水設備の常識をあげる。雨によるトラブルの項でも参考になる常識である。
①水は高きより、低きに流れる。
②先が詰まれば手前であふれる。
③水と空気は犬猿の仲（空調設備も同様）。

8 給排水設備のトラブル

第5章

1 最上階の水の出が悪い

マタカ

①以前の建物給水システムは高置水槽方式が多かった。建築意匠設計者からのデザイン上の要望で設置高さが低くなり、必要水圧が取れなくなった（図5-8-1）。

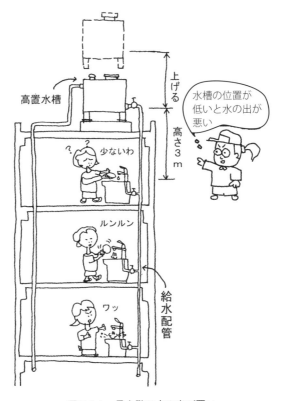

図5-8-1　最上階の水の出が悪い

②基本的には、設備技術者の技術力の問題ではあるが、高さ制限や、近隣の日照権だけでなく、既述の「権威勾配」の関係で、建築意匠設計者に技術的問題を譲ってしまうことがあるのがこまる。

③このシステムは初期のマンションに多く、配管内の錆や腐食のため水の出が以前より悪くなっており、古いガス器具の着火不良などのトラブルが多くなっている。

2 マサカ 鳥居配管で水栓から空気が噴出

①給水・給湯設備配管でやってはいけないのが「鳥居配管」である。建築的障害物のため、**図5-8-2**のような配管になっていると、水道水やお湯の中の空気が分離して溜まり、水栓使用時に空気が噴出しトラブ

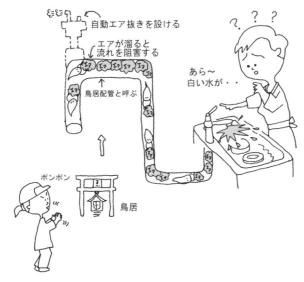

図5-8-2　鳥居配管で水栓から空気の白い水が出る

8 給排水設備のトラブル

第5章

ルとなる。通常は空気抜き弁で対応しているが、集合住宅の専用部では個々にこの弁は取り付けないことが多い。これも設備技術者の技術力の問題である。

② マンションなどで採用されている、架橋ポリエチレン管＋ヘッダ方式で、天井配管としている事例もあるが、配管径が細く、保有水量（湯量）が少ないため、分離空気の量が少ないようでトラブル事例はあまり聞かない。

3 排水勾配の不足で洗濯機洗剤の泡が逆流

マタカ

① 共用排水管の竪管に排水集合管（特殊継手）が開発・使用されるようになってから、洗濯洗剤の泡によるトラブルが頻発するようになった。共用の横走り管が泡で充満し、竪管内から専用部枝配管経由で衛生器具や洗濯パンにあふれ出たものである。また、上階の排水でトラップからの水や臭気の噴出もあったようである（**図5-8-3**）。一般排水が流れないなどの機能障害は発生していないので、原因は洗剤の泡といえる。ただし、適正な排水勾配には幅があり、すべてのマンションで発生したわけではないので、勾配に余裕のない、または無理な勾配の場合に発生したものと推定された。また、当時は最下階系統と、それ以上の階の系統の横主管を分けていなかったので、それも原因と考えられる。対策としては、入居者に洗剤の使いすぎの抑制をお願いした。

② その後、集合管のメーカは、洗剤の泡が充満しないように、管径・勾配・最下部のエルボ（曲がり管）の内径・横引き管の通気の取り方などいろいろ実験を行い、それに基づいた施工基準を作成している。この基準に準拠することにより泡のトラブルは減少した。

③ 全自動洗濯機の普及に伴い、洗濯槽クリーナ（洗濯機内のカビ除去用

建築計画・設計に伴う設備トラブル事例

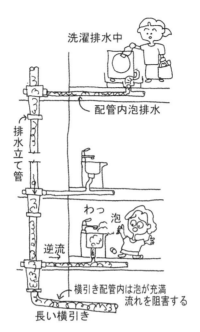

図5-8-3　排水勾配の不足で洗濯機の泡が逆流

の洗剤）が使われるようになったが、発泡力の強い酵素系洗剤で泡吹き出しトラブルが発生した。発泡性の強い洗剤の使用禁止を管理組合にお願いして再発防止となった。現在この洗剤は製造中止になったとのことである。

④最近では、泡風呂による排水機能障害事例がある。超高層マンションで上層階での泡風呂使用後、同じ竪管系統の下の階の複数階のトイレでゴボゴボ音やトラップ封水の吹き出しがあった。トラブルのあった系統のみ最下階での横走り管が長いのが原因と思われるが、排水勾配が緩いせいかどうかは不明である。

8 給排水設備のトラブル

第5章

4 オフセット配管で通気不良発生

マタカ

①排水竪管はまっすぐに通すのが原則である。
②特にマンションの排水共用管は特殊継手を用いることにより、通気管を兼ねているのでこの原則は特に重要である。
③マンションでは、階により平面プランが変わることが多く、竪管位置がずれた場合（オフセットという）は、排水不良／通気不良によるトラブルとなる（図5-8-4）。

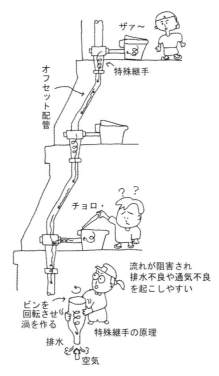

図5-8-4　オフセット配管で通気不足が発生

5 通気弁の故障で排水・臭気・騒音トラブル
マサカ　マタカ

①マンションにおける、排水通気管は屋上にまっすぐ立ち上げるのが基本である。

②最上階のユニットプランや、セットバックの有無によってはまっすぐ立ち上げられない場合がある。通気管だけであれば、立ち上げ可能なところまで天井内配管すればよいが、建築設計者・設備設計者とも取り合いが面倒なため、排水PS内の竪管頂部に通気弁を設置することがある（図5-8-5）。

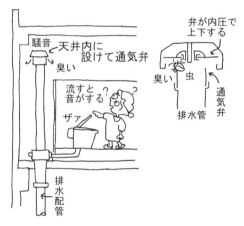

図5-8-5　通気弁の故障で排水の臭い・騒音発生

③排水PSが住居専用部内にある場合は、音や故障に配慮する必要がある（ゴキブリが引っかかって臭気トラブルとなった事例もある）。通気弁は故障や取り替えのため点検口が必要であるが、専用部からのアクセスとなる。

④したがって、大手デベロッパの技術基準では、マンション専用部の排水管の通気には通気弁の使用を禁じているケースが多い。

8 給排水設備のトラブル

第5章

6 配管類の埋設配管が起こす各種トラブル
マサカ　マタカ

①小便器・手洗い器・洗濯機水栓用の配管は、躯体内に埋設してはいけない。流水音による騒音トラブルの原因になるだけでなく、躯体のひび割れや、長い間には埋設配管の腐食による漏水トラブルが発生する（図5-8-6）。

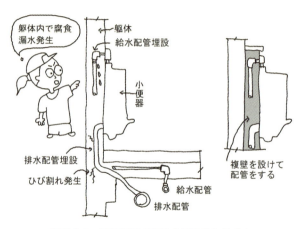

図5-8-6　埋設配管が起こす各種のトラブル

8-3 その他の建築設備関連給排水設備トラブル

建築計画が原因の給排水設備トラブルは少ないと述べたが、具体的な設計、施工段階になるといろいろな取り合いがある。設備技術者で配慮すべきこともある。

①湯沸かし器の位置

1）マンションでバルコニー設置の場合は、内側に配管スペースを設ける。配管類を二重床から直接バルコニーに出すと、防水のおさま

りが悪くなって漏水の恐れがある。
2) マンションではプランによっては、隣戸の外壁に設置されることがある。追い炊き用ポンプの運転音が隣戸に聞こえる。
3) 夜間に運転するヒートポンプの給湯器は、設置場所によっては低周波騒音による近隣トラブルを起こす。
4) 電気温水器の設置個所を囲ってあると、取り替える際に建具や壁を壊さないと本体の搬出ができないことがある。

②トイレのレイアウト
1) 大梁の上に便器を設置しない。施工図段階までいたらずとも明らかに納まりそうもない図面はよくある。特に地中梁は大きいので、基準階と同じレイアウトでは納まらないことがある。建築設計者が新人時代に教育されたはずであるが、今さらの話である。

③点検口の各種トラブル：必要な時に使えなければ困るが、以下のような事例は多い。
1) トイレパイプシャフトの点検口が掃除用流しに当って開かない。
2) 汚水水中ポンプの上には必ず点検口を設ける。
3) 点検扉が事務室の棚・書架に塞がれていた。
4) 天井点検口は必要箇所に設置する。デザインで配置を決めない。大きさも内部に入れるような大きさとする。
5) 点検口に関しては、**＜建築物に設ける飲料水の配管設備及び排水のための配管設備の構造方法を定める件**、昭和50年12月20日建設省告示第1597号＞の第1—給水管口に「給水立て主管からの各階への分岐管など主要な分岐管には、分岐点に近接した部分で、かつ、操作を容易に行うことができる部分に止水弁を設けること」の規定がある。したがって点検口の位置も「操作を容易に」という規定に適合するよう建築設計者の配慮が必要である。

④給湯管の破断漏水トラブル
1) 給湯に銅管を使用していたころ、スラブ上ころがし配管がガス管や給水管と交差する箇所で、床材に接触。入居者が通るたびに上か

8 給排水設備のトラブル

ら押され破断した事例がある。
2) また同様に、床材を根太に止める釘で打ち抜かれ漏水事故になった事例も数多くある。この場合も水圧テストではわからず、竣工後使われているうちに釘との間が緩んで漏水になる。拙著では竣工1年検査当日、終了後にこの漏水事故が発生し、関係者の居場所不明で往生した話をあげてある。

8-4 給排水設備のエンジニアリングトラブル

漏水以外にも給排水設備のエンジニアリングトラブルはたくさんあるが、使われ方に関係する『マサカ』の話を紹介する[9]。

①給湯設備の湯量不足

給湯設備のトラブルはほとんどが使い方に関するものである。拙著では「一度に使えばお湯がなくなる」事例を紹介してある。都市型ホテルでは大晦日の「紅白歌合戦」終了後、団体客や修学旅行生徒が泊るシティーホテルでは観光バス到着後宴会の前、研修センターでは研修終了後などに給湯のピークが短く発生し、しかも大きい。特別養護老人ホームではシャワーの使用時間が長い。いずれもお湯不足のトラブルとなるので設備設計で配慮しておく。

某スポーツ施設で、来客を増やすために会員権を発行し、地元住民がたくさん来るようになって、お湯が足りなくなった事例がある。工事監理段階で、熱源機を夜間電力利用のヒートポンプ蓄熱方式に変更したことが原因であるが、工事監理段階で設備技術者が関与していなかったために起きた事例である。

②給水設備の水量不足

給湯と同じく、給水使用量のピークが重なると発生する。めったにないが、マンションでは梅雨時の晴れ間、北海道では降雪時の晴れ間、いずれも午前中に洗濯のピークが重なって高置水槽の減水警報が出た。飲食系店舗ビルのオープニング時や、ホテルの宴会が重なる時期も要注意

である。宗教団体の施設では行事の際にはバス到着時に断水トラブルがおきる。断水にならなくても、常時との使用量の差は大きい。受水槽のレベルを変えて運用している。企業の保養所などの施設も同様である。

9 二次災害の防止

　設備の事故トラブルはもちろん起こっては困るが、その被害が発生部位周辺にとどまっている場合の被害は比較的小さく想定の範囲内である。しかし、その影響が想定外のところに及べば大きなトラブル・事故になる。

　設備の事故は二次災害につながることがある。水のトラブルについていえば、漏水、溢水、逆流現象に伴う水濡れ事故は一次災害トラブルである。しかし、その漏水が下の階の重要な施設・機械に影響を与えた場合は「二次災害」である。また、火災時のスプリンクラの消火能力は大きいが、それに伴う水の被害も大きい。消火活動も同様である。

　建築設備に限られたことではないが、機器・部品・材料に関しては安全神話を信じてはいけない。機械は必ず故障する、施工不良はどこかに存在する、パイプは必ず腐食する。自動制御機器の誤作動もあるし、運転ミスや取扱いミスの根絶は不可能である。また、雨・風・熱・光などの自然現象がかかわる場合もある。これらを前提にして、各種原因による設備事故・トラブルが発生しても二次災害が発生しないように計画し、メンテナンスすることが必要である。重要施設では予防保全的な考え方も必要である。

　建物によっては、計画当初から二次災害対応措置を組み込んでいる場合もあるが、一般のビルにおいてはどこまで配慮しておくかは設計・計画者の裁量の範囲である。少なくとも建物の機能を失わないことは最優

先事項であろう。

建築で対応できることはたくさんあるが、雨対策は別項で述べたように集中豪雨対策がポイントである。

❾-❶ 二次災害防止対象室・スペース

建物の種類によるが、一般的にはその建物の機能維持に重要な室において、「生命、健康及び財産の保護を図る」（建築基準法第1条）ことが対象となる。どの室を対象とするかは建物より異なるが、二次災害の程度と、災害発生後の復旧の難易度にもよる。

防災拠点や病院などでは建物内トラブルによる二次災害だけでなく、電気・ガス・水の外部からの供給停止に配慮しておかなければならない。

①電気室関連諸室：受変電室、発電機室、中央管理室、防災センターなどは対象から外すわけにはいかない。建築基準法では中央管理室は避難階の直上階または直下階に設置するよう定められているが、建設地の災害発生状況に配慮して決めるべきである。

②設備機械室：大規模病院などでは、空調・給排水設備の停止はあってはならないことが多いが、一般ビルでも設備が停止しない方が望ましい。

③エレベータ：低層ビルの場合では万が一の場合の停止は影響が少ないと思われるが、超高層ビル・超高層マンションでは、地震以外では停止してほしくない。

④重要物保管スペース：対象は倉庫、書庫などであるが、特にマンションの貸倉庫は要注意である。高級マンションでは、入居者にとっての「オタカラ」が保管されていることがある。

9 二次災害の防止

第5章

9-2 二次災害対応策

(1) 漏水対応
①配管、空調機などからの漏水、結露滴下に注意する。
②重要室上部には厨房、便所、浴室、その他の水場のある室は設置してはいけない。
③重要室上部には水配管を通さない。
④重要室上部にはエアコンや加湿ユニットを置かない（ドレンの漏水防止）。
⑤シャフト類の点検口は必要箇所に、メンテナンスが容易なように設置することが建築基準法に定められている。点検口がないのは論外として、トラブル時にアクセスが難しい事例は多く見られるし、扉が完全に開かない例もある。
⑥シャフト点検口のアクセスは、共用部から行うことが基本である。便所内のシャフトのように、意匠設計者でメンテナンスに配慮したシャフトや点検口の配置行う場合以外は、厨房、店舗売場、事務室などの点検口はテナントのレイアウトによっては、塞がれやすい。倉庫の奥にシャフト、点検口が設置されている場合もあるが、できるだけ廊下側からのアクセスを心がけるべきである。

1 電気室上部の喫茶店厨房の水洗いにより電気室に漏水、全館停電に
マサカ

①電気室上階への厨房設置テナント入居の危険性を警告したが無視された（図5-9-1）[3]。
②厨房の床は絶対水洗いしないという条件であったが、水洗い水が沓摺りを超えて客席床に滞留し、電気フロアボックス、電線管を伝わって、

特高電気室のトランス上に漏水した。

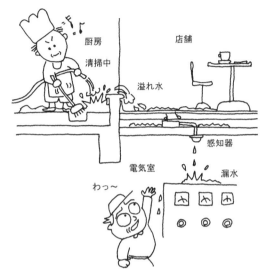

図5-9-1　清掃水が停電を起こす

（2）大規模な出水対応：消火設備設計の誤作動、火事など

　スプリンクラの作動、火事の際の放水などの出水のほか、水場スペースでの大規模出水、機械室やシャフト内配管類破損などによる出水（図5-9-2）などへの対応策は、（1）の「漏水対応」で上げた項目のチェックは当然のこととして、以下の配慮が必要である。

①電気室、中央監視室が最下階にある場合は、床レベルを廊下より上げておく。これらの出水は最終的には階段経由で最下階に溜まることが多い。溜まれば廊下などの水位は上がって電気室などに流入する恐れがある。したがって、床レベルを上げておくことが有効である。

②階段近くに床下ピット用の点検口を設けておく。出水時にはここを開けて、二重ピット内に水を落とす。

9 二次災害の防止

第5章

図5-9-2　消火水が監視室に浸水

2 スプリンクラ撥水事例
マサカ

　建築計画には関係ないが、以下のような事故事例がある。事故だけでなく誤動作もありうるので、スプリンクラ・アラーム弁室（停止用のバルブがある）は、アクセスが容易なところに配置することが肝要である。大きな事故原因は以下の2つである。
①スプリンクラヘッドに直接物を当てて撥水させた。
　物販店舗などで、大きな長い商品を扱っていて、スプリンクラヘッドに当てて撥水させる事例は多い。現在ではヘッドに保護カバーを取り付けている。筆者の知っている事例では、店員が手で止めようとしたが止まらずに水浸しとなった。
②蒸気漏れその他の原因によるに温度上昇でスプリンクラ作動。
　最近は蒸気の使用は少ないが、蒸気の温度は高いので、洩れた場合に

いろいろなトラブルを引き起こすが、スプリンクラの撥水原因となった事例も多い。

エンジニアリングトラブルなので、事故事例のみ紹介する
- 大型店舗ビル空調機停止中に自動弁から漏れた蒸気により空調機に熱風が充満。再起動時に横吹出し口からの熱風が、ヘッドに当って撥水した。
- 加湿用蒸気のリークで手術室に蒸気充満、スプリンクラ撥水により、医療機器が水損した。
- 病院洗濯室で、係員が乾燥機用の蒸気バルブを閉め忘れ、室温上昇によりスプリンクラが撥水した。
- 某研究所でパッケージ型空調機に組み込まれた電気ヒータが過熱し、研究室のスプリンクラが撥水。

（3）大規模な出水対応：機械室での防振継手などの破断

①大規模ビルでは、設備機械室に格子枡を設置し、大規模出水は地下ピットに落す。大規模ビルは空調方式がセントラル方式の場合が多い。この場合は空調配管内の保有水量は非常に大きい。ポンプ類の防振継手に合成ゴム製のフレキシブル継手を使用している場合は、材料の劣化や、配管系の自動弁締切運転に伴う破断による出水事故はよくある。また、受水槽も大容量であるし、定水位弁の故障でオーバーフローすることもある（通常は警報で対応している）。機器類の基礎は床より高くはなっているが、ポンプやファン類の電動機が水に浸かるという二次災害まで配慮すれば上記対策が必要である。

筆者が某大規模病院の工事監理を行った際は、空調熱源機室内のポンプの近くに地下ピットに排水できるように格子ますを設置した。

9 二次災害の防止

第5章

9-3 高置水槽事故対応

屋上の雨排水設計は建築意匠設計者の設計範囲である。ペントハウス屋上に高置水槽が設置される場合は、溢水量を加味してルーフドレンの設計を行わなければいけない。高置水槽レベルスイッチ（揚水ポンプの運転停止用）の故障時に、オーバーフローした水が溜まり、マンホールやハト小屋の隙間から下の階に浸水する[3]。

落葉によるつまりもよくあるので狭くてもルーフドレンは2カ所とする。

3 マサカ 塔屋設置の高置水槽がオーバーフローし、下階の機械室に浸水

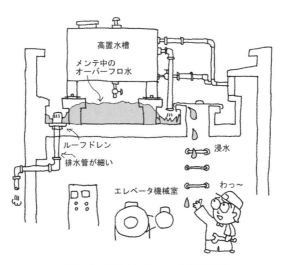

図5-9-3　排水がエレベータ室に浸水

4 マサカ 高置水槽がオーバーフローし、下階のエレベータシャフトに流入

　この場合は、二次災害対策は行われていたのであるが、エレベータ機械室入口のバルコニー雨排水口のサイズが小さく、高置水槽オーバーフローの水を呑み込みきれなかった（**図5-9-4**）[9]。

　高置水槽をペントハウス屋内に設置する場合は、出水トラブル対応として、屋上への放出口を設ける（床排水では対応できないことが多い）。

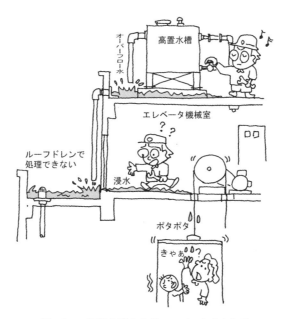

図5-9-4　高置水槽の水がエレベータを止める

9 二次災害の防止

第5章

5 マサカ 寒冷地のボウリング場で高置水槽がオーバーフローし、張り込み中の板を濡らした

　寒冷地では凍結の恐れがあるため、水槽類はペントハウス内に設置されることが多い。この場合は、水槽・配管類の破断時や自動運転設備の故障時への対応をしておかないと二次災害につながる。寒冷地であったため、高置水槽はペントハウス内に設置されていた。そのため階段を通して下の階に流れたのである（図5-9-5）。

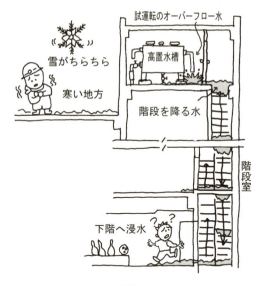

図5-9-5　高速水槽の水が下階に浸水

　この事件の後、施工会社はペントハウス水槽室の溢水対応策として、床排水または屋上への放出口の設置を全国（特に寒冷地の支店）に指示した。さすが大手であると感心した。

建築計画・設計に伴う設備トラブル事例

6 マサカ 高さ100mの展望室で漏水によりエレベータ停止

類似事例：寒冷地の観光施設で、高さ100mの展望室の上階に設置された消火水槽の配管が腐食・脱落して出水し、展望室に漏水、エレベータが停止した。来場者は非常用階段で下まで降りた。

：築数十年の施設で、スプリンクラ用の水槽はステンレス製であったが、取り出し配管が鉄管であったため長年の間に腐食したものである。

：展望室は100mの高さにあったのであるから、万が一の出水事故対策としては、上記事例のように、機械室内から展望室屋上に水を排出できるようにしておけばよかった。

コラム

◆同じ住居に操作の違う水栓が混在

マンションの水栓類はデザイン的配慮もあって、建築意匠設計者が器具類を選定することが多い。給水・給湯を1つの水栓で行うシングルレバー混合水栓は、一時期T社の物とI社の物とでは操作方法が違っていた。I社はグローバルスタンダードに従って、「下げ止まり方式」であったが、日本国内シェアNo.1のT社は自社スタンダードによる「上げ止まり方式」のものを開発した。筆者だけでなく、官庁関係や各社設備関係者からは「上から物が落ちてきたら水が止まらない」危険性を指摘されたが、できてしまったものは改められなかった。

そのころできた某マンションでは、T社、I社両社の水栓が取り付けられていた。幸い入居者からのクレームにはならなかったが、操作ミスは多かったと思われる。阪神大震災の教訓以後、T社仕様はグローバルスタンダードに改められたが、最近はリニューアルに伴い、以前と使い勝手が違って困るという意見がホームページに載っている。

今後予測される震災対策の一環としては、できるだけ早く「上げ止まり水栓」の取り替えを考えるべきであろう。

9 二次災害の防止

第 5 章

(4) 有毒ガスへの対応

　二次災害といえばガス漏れによる災害の予防も計画時の配慮項目である。建築計画には関係ないが統括管理者としてこういうこともあるということは認識していただきたい。

　各種のガス漏れに対しては、それぞれのエンジニアリング的な対応がある。しかし漏れるのは目に見えないガスである。したがってこの災害を防ぐには、ガス漏れ警報器が最も効果的である。東京・渋谷の温泉事故の安全対策に関して、感じたことを以下に述べる。

　2007年の6月に渋谷で起ったガス爆発事故については、当初の報道では警報装置の不備が指摘されていたが、最終的には通気管からの水抜き操作の管理者への伝達漏れの問題とされている。

　今回の事件は「可燃性ガスの発生・漏洩の恐れのある温泉供給設備」が設置された地下機械室の安全対策という、一種の応用問題である。

　可燃性ガスの安全対策としては、各種安全装置の設置と管理が必要であり、通気管に設けた水抜きパイプの設置および水抜き操作はその一部である。したがって水抜き以外にも、他の不具合があればガス爆発のおそれがないわけではない。

　ここでは責任問題は別としてガス検知器による警報装置の重要性について考えてみたい。

　◆警報装置は何のために付けるか？：建築設備に関していえばシステム・装置・機器類の保全管理と機能障害の予防がその大きな目的といえよう。管理運営の省力化や、省エネルギーの目標管理を目的とすることもある。

　◆警報装置を付けるか付けないか：この判断は設備などの不具合により、どの程度のトラブルが発生するかによる。もちろんコストとの兼ね合いである。中央監視盤に各種警報ランプがついているが、生命・安全に関連するものは少ない。

　◆火災について：建物施設所有者・利用者の生命・安全・財産に直接

影響があるので、警報装置・消火設備類の設置と定期点検が法的に義務付けられている。

◆**可燃性ガスの場合**：爆発の危険性があることは、一般人でも常識である。ただし一般ビルでは燃焼ガスの使用箇所は限られており、供給は密閉配管、ガスの使用はガス給湯機・ボイラ類を除き人為的に管理されている。ガス漏れ感知器が危険性の程度により設置され、マンションのメータボックスの扉には上下に開口部が設けられている。

それに対し、今回の「温泉供給設備」は地下の室内に設置されており、温泉槽オーバフロー管など室内に開放されている配管があり、燃焼ガスの室内への流出・漏洩は人為的に管理することができず、システムの運転状況により成り行きとなる。このような場合は危険性が高く警報装置の設置は必須といえよう。

(5) 各種のミスをカバーする警報装置の効用

対象となる設備は、「温泉装置（気水分離槽、温泉槽）の設置された地下室の換気設備」である。ガス検知器による警報装置が設置されていたならば、設計・施工から管理、機器の故障にいたるまでの各段階での問題点をどの程度カバーするものであるか検討してみる。設備内容については新聞などの報道による。

①**設計上の不備**

・**機械室内換気設備**：今回のような事例においては、目安となる設計基準はない。通常の機械室の換気回数で排気ファンの容量を決めておけばほぼ間違いないが、大量のガス漏れの可能性については不安がないわけではない。また、温泉設備側で何か警報装置は付いているだろうが、温泉装置の故障時（特に温泉槽のオーバーフロー）、不具合時の対応については、どの程度の換気設備があればいいのかはわからない。通常運転時のガス漏れについて、排気風量が不適切であるとか、給気口面積不足（この場合は通気管の機能障害となりうる）も考えられる。

・**通気管・水抜き管**：温泉使用量から分離されるガス量を想定し、通気

9 二次災害の防止

第5章

管で外気に放出される際にどの程度の水蒸気が誘引され、結露量がどの程度になるか？算定条件としては、温泉使用量・ガス含有量・分離ガス温度・外気温度・地中温度・通気管径と長さなどが関係してくるであろう。

　また、結露水量および水抜き管径と長さにより水抜きのインターバルも想定できる。こんな煩雑な設計をわずかな「通気管ルート変更設計料」（おそらく貰っていないであろう）ではやっていられない。通気管径・水抜き管径ともKKD(注)でエイヤッと決めたのではないだろうか。だとすれば、後述するように、水抜きの指示があってもそのインターバルが適切であるかどうかは不明である。

・**設計時点での水抜き管の設置忘れ**。
・**防爆対策不備**：今回は可燃性ガスの存在の恐れのあるところの電気設備が防爆仕様になっていなかったのも問題である。

②**施工上の不備**

・**通気管、水抜き管の施工**：配管の勾配が不適切であった場合は、結露水がたまりやすくまた水抜きが完全にできない場合もある。
・**設計変更**：設計者が把握していない設計変更は、忙しい現場ではよくあることである。

③**管理者側の問題**

・**水抜きのインターバル**：通気管のU字部分に水抜き装置をつけたとしても、どの程度のインターバルで水抜きを行うのが適切なのかは不明である。どの程度の水が溜まるのか計算できないことはないが、温泉使用水量・季節による結露の違いなど使ってみなければわからない要素がある。水抜きを行うような指示は必要であるが、それが万能というわけではない。
・**操作忘れ**：めったにないことだが・・・。
・**管理者の定期異動に伴う内部の連絡漏れ**：マニュアル化して書類などで引き継いでも、重要事項であることの認識も引き継がないと完全ではない。

④**機器類の故障など**：以下の機器類の故障・不具合
・換気扇の故障。
・ダンパ類の作動。
・水抜きパイプのつまり。
・温泉関連配管からの温泉水漏れ。
⑤**その他の想定される問題点**
・**伝達漏れ**：一般の商取引で言えば、通気管ドレンの水抜き作業の伝達は重要事項説明に当る。ということで設備技術者の責任が問われたものと思われる。
・**管理契約漏れ**：温泉装置や換気設備の管理が管理契約に含まれていなければ水抜き作業も同様であり、伝達されても対応しないおそれもある。
・**温泉装置の故障**：装置の故障時にガス濃度にどのような影響があるのか不明であるが、何らかの影響はある。
⑥**警報装置の効用**：上記のいずれの場合も、警報装置が設計ミス・施工ミス・管理ミスを指摘してくれるほか、発報頻度によっては設計条件と使用条件の違いがわかる。また水抜きインターバルが適正かどうかまで判断できる。警報装置があれば手抜きをしてよいというわけではないが、エンジニアとしては、警報装置が付いていれば安心である。

今回の事故のように、室内に可燃性ガスが漏れ、人命にかかわる可能性が大きい場合は、二重三重の予防対策が必要であるが、警報装置の設置は必須の条件ではないだろうか。

私見であるが、本件の場合は水抜き管の端末を配管でトラップ状にしておけば、水抜きバルブは不要であったと思う。

（注）KKD：建設業界で難しい決定をしなければならない際に使われるテクニックまたは裏技。勘（K）と経験（K）と度胸（D）の頭文字を取ったもの。ベテランが使う場合は間違いは少ないが、若手が使うと問題が多い。

10 隠すことから トラブルが始まる
(室外機の省エネ的配置ほか)

　建築と設備のトレードオフ関係が、設備トラブルを起こす大きな要因であることはすでに述べてきたが、もっとも大きなトラブルが「地球温暖化の促進」である。メーカに気流解析もしてもらったし、設備設計者の了解も得ているのになぜアンチ省エネルギーなのか。それは建築設計者、設備設計者の認識の甘さと、(無理な要求に) 逆らえないメーカの立場が惹き起こしたものである。

　それは、目隠しされたことによる室外機のアンチ省エネ運転の事例である。

　エアコンの室外機や冷却塔を目隠しするとショートサーキット (吐出側の熱風が室外機吸込み側で吸い込まれること) により機能障害が生じ、極端な場合は安全装置が作動して室外機の運転停止にいたる。このことについては、拙著「建築設備トラブル『マサカ』の話」では、『隠すことからトラブルが始まる』の章で述べた他、平成24年9月号の「建築士」(日本建築士連合会協会) への投稿のタイトルは、「エアコン室外機の省エネ的配置について～地球温暖化に加担しないために～」とした。

　エアコン室外機の、目隠しによる影響は意外に大きく、「室外機を隠すこと」は、建築設計者・設備技術者が無意識のうちに「地球温暖化に加担」していることになるといっても過言ではないというのが筆者の見解である。

⑩-① 室外機の目隠しについて

　空気熱源ヒートポンプ式空調機の室外機は、空気を熱源とする構造上、本来解放された空間に設置されることを前提としている。これは設備側・機器側の要求事項・必要事項である。しかしながら、機能的にまとめられているとはいえ、室外機の形状は建築のいろいろなデザインに適合するものとはいえない。建築設計者が、室外機を見えないところに配置したり、周辺を囲いたいというのは建築設計上の（デザイン上の）要求事項である。つまり、これは典型的な建築と設備のトレードオフ関係を示している。

　室外機を囲うことによって、エアコンの効率が落ちるということは、意匠設計者でも周知のことである。しかしどの程度の効率ダウンになるかは設備技術者（ここで設備技術者としたのは、設計者だけでなく、施工側の技術者を含めたものである）でもよく把握していない場合が多い。メーカ技術者も営業的配慮からきびしい実態を意匠設計者、設備技術者にわかりやすく伝えていないケースもある（室外機の性能特性はカタログには載っていない）。また、トラブルが発生しても、施工者、ビル管理者で対応してしまうことが多く、意匠設計者の耳に届くことは少ない。その結果、建築意匠設計者は、どの程度まで目隠しをしてよいのか実態がわからず、それと知らずに「地球温暖化に加担」しているのが現状である。

　隠さないということは、どちらかというと省エネルギー的には無駄運転を防ぐといった消極的な側面でもある。そのため、実態がわからない設備技術者は「運転停止にならなければよい」といった、低いレベルで妥協してしまうのである。

(1) 冷房時、外気温度によるエアコンの能力変化

　エアコン室外機は夏季の冷房時は凝縮器（コンデンサ）となって、屋外に熱を放出する。したがって効率の良い運転のためには、冷房時の室

10 隠すことからトラブルが始まる（室外機の省エネ的配置ほか）

第5章

　外機冷却用の空気温度（吸込み温度）はできるだけ低いことが望ましい。

　空冷式であるから、外気温が高くなれば、消費電力は大きくなる。この関係を表5-10-1と図5-10-1に示す。

　エアコンの室外機は、本来は開放された屋外に設置されるべきであって、目隠しで囲われることがなくても、設置場所によっては何らかの能力ダウンとなることを忘れてはいけない。

　室外機が囲われる場合はショートサーキットにより室外機周辺温度が上がり、吸込み温度が高くなるので、効率的な運転を阻害されるのが問題である。特に後述のように、シミュレーションや気流解析を必要とする場合の判定基準が要注意である。

　表5-10-1から消費電力と外気温度の関係を見ると、温度が1℃上がると、消費電力は約3％上がっている。したがって5℃では約15％、10℃では約30％の無駄運転となる。筆者が「室外機を隠すこと」は、「地球温暖化に加担」していると述べている所以である。表には、40℃以上の値が

表5-10-1　エアコン室外機冷房性能特性
（周波数50Hz　室内機容量50.0kW、室内吸込温度19.0℃WB）

外気温度	100％容量時特性		
	能力	消費電力	比率
℃ DB	kW	kW	％
25	50	11.7	0.74
27	50	12.4	0.78
29	50	13.2	0.83
31	50	14.1	0.89
33	50	15	0.94
35	50	15.9	1
37	49.2	16.5	1.04 (1.057)
39	48.4	17	1.07 (1.105)

（出典：某社空冷ヒートポンプエアコン2008年設計資料より筆者作成。比率はJIS標準条件35℃の消費電力を1とした場合の比率。37、39℃の（　）内の値は能力補正を行った値）

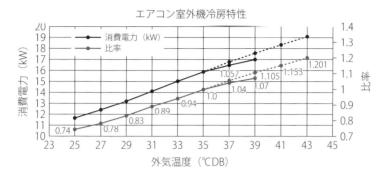

図5-10-1　エアコン室外機冷房特性
（表5-10-1をグラフ化したもの。点線は、表から37℃、39℃の能力補正を行って43℃まで延長したもの）

示されていないが、吸込み温度43℃で圧縮機の高圧側の安全装置が作動するまで、電力消費量は上昇し能力も低下する。したがって運転停止トラブルが発生するようなケースは非常な無駄運転をしていることになる。また、トラブルとなっていない場合でも、ショートサーキットの影響があれば、機器の周辺温度は外気温度以上となるので、余分なエネルギー浪費運転となっている。

　このショートサーキットを防ぎ、吸込み側の空気温度を外気温度より上げないことが省エネ計画上のポイントである。図5-10-1より、外気温度30℃の場合にショートサーキットで吸込温度35℃になった場合は、消費電力は1÷0.86＝1.1626で、約1.16倍になる。

(2) 気流解析、シミュレーションの誤解を招く判定結果

　意匠設計者・設備技術者に誤解を与えているのが、気流解析結果である。気流解析はメーカに依頼することが多い。判定が×印となってはいけないので、室外機位置や向きを変えたり、目隠しの高さや、ガラリの隙間の開口率を変えたりして判定結果が○印となるようにする。これで一件落着となるはずであるが、実はとんでもない落とし穴がある。それは、判定結果の○印に対する評価である。

10 隠すことからトラブルが始まる （室外機の省エネ的配置ほか）

第5章

　ちょっときつい言い方であるが、気流解析に対するメーカの判定基準は、室外機が支障なく運転できるかどうかであって省エネには関係ない。

　冷房運転時の圧縮機は高圧で運転される。したがって安全のために、一定の圧力になると安全装置が働いて停止する（通常「高圧カット」と呼ぶ）。この目安が約43℃である。**メーカに判定を依頼した場合は、判定基準の○印は、高圧カットにより機器の運転停止にならないということであって、ショートサーキットによる消費電力の増大に配慮されたものではない。**これは、意匠設計者、設備技術者とも認識を新たにしていただきたいことである。

　気流解析結果の判定評価を設備技術者が行なう場合でも、表5-10-1、図5-10-1で示されたような無駄運転に対する認識不足から、その判定基準はメーカと同じようなものであろうと思われる。

　建築設計業界における権威勾配（ヒエラルキ）は、発注者―設計者―施工者―メーカの順となっている。また、設計部門でも、当然のことであるが、建築意匠設計者が構造・設備設計者より上位で主導権をもっている。したがって、エアコンメーカとしては、営業的配慮もあって「省エネルギーに反するので、エアコン室外機を目隠しすることを止めてください」などとは言えない立場にある。また、設備設計者・設備技術者も、表5-10-1、図5-10-1の情報への認識不足があると、権威勾配により意匠設計者に対し主張が弱いものとなりやすい。

　このような状況で、建築意匠設計者は地球温暖化の片棒をかつがされているのである。気流解析結果をお持ちの方は、見直していただきたい。室外機の吸い込み温度が39℃、40℃であっても、判定結果は○印となっている場合がある。

10-2 エアコン室外機の適切な配置計画とトラブル事例

　室外機の設置場所は、地上、屋上、バルコニ、専用置場、外壁、その他などまちまちである。事業者、建築設計者の設置基準は「目につかないこと」である。筆者も一応建築科の出身であるから、かっこ良くない機械を隠したい気持ちはよくわかる。しかし、隠すことはショートサーキットを引き起こし、結果として地球温暖化につながるということは、常に認識しておいてほしいことである。それぞれの設置箇所ついて、トラブル事例と計画・設計時点の配慮事項を述べる。

(1) 共通配慮項目
①できるだけオープンな箇所に配置する。
②基本的には目隠しは設けない。設ける場合は外から機器類がよく見えるような大きな開口率とする。
③機器からの吹出しから、排気側・吸込み側への風の流れに配慮する。
④ショートサーキットを防ぐため、風向板、仕切板、ダクトなどを設ける。
⑤**意匠より機能！**を心がける。

(2) 囲われた室外機置場（閉鎖空間）に設置された場合
（その1）1面ガラリの閉鎖空間の場合
①ただ置いただけではショートサーキット発生を防ぐことは難しい。
②高圧カットにいたるかどうかは、機器設置台数、ルーバの空き具合とスペースによるが、省エネ運転とならないことは自明であろう。
③設置台数が多ければ高圧カットとなる。
④バルコニー状の設置場所をガラリで囲った場合も同様である（後述）。

10 隠すことからトラブルが始まる（室外機の省エネ的配置ほか）

第5章

1 外壁に設けた不適切な室外機置場で高圧カット頻発

マタカ

① 某再開発ビルで事業者側から、このようなこと（高圧カットによる冷房停止）は起こさないようにと言われた他社設計事例である。

② この再開発ビルの地権者店舗の空調システムは、空気熱源ヒートポンプユニット方式であった。この室外機は1、2階の間に設けられた室外機置場に設置された（図5-10-2～3参照）。

③ 室外機冷却用の空気が同じ壁面ガラリから出入りしてショートサーキットとなり、高圧カットが作動した[9]。

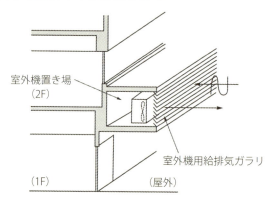

図5-10-2　某再開発ビル室外機置場

図5-10-3　某再開発ビル室外機置場、ガラリの奥に多数の室外機が配置されている

④対策は特に行っていない。上部にある改め口は開放されていたが効果は小さいであろう。
⑤上記のようなところに室外機を配置して、問題ないと考えるのが不思議である。設備技術者が改善案を提案したのかどうかは不明である。
⑥上面をネット状にすればまだよかった。
⑦これを参考に、実施例では階高分の開口と、開口率の大きなガラリ、奥行き2mの室外機置場を、2階外周に配置したが、それでもトラブルがまったくなかったわけではないとのことであった。
⑧再開発ビルのように地権者やテナントにより、各種タイプの室外機が多数置かれるところでは、一面ガラリの室外機置場は有効ではない。

2 目隠しガラリの羽根の向きにより、室外機排気がショートサーキットした

マサカ マタカ

①一面開口の室外機置場に室外機を設置し、前面を目隠ししたら上記事例のように、ショートサーキットによる高圧カットが起きる。
②この場合はショートサーキット防止のため、延長ダクトを設けたが、図5-10-4（左）のようにガラリのルーバが斜め下向きであったので、高圧カットに至った[B]。
③対策としてガラリの吹出し部分の羽根を撤去した。

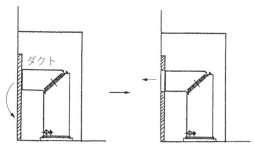

図5-10-4[(3)]

10 隠すことからトラブルが始まる（室外機の省エネ的配置ほか）

第5章

④小規模ビルでは、このような置場があるが、水平ルーバで外からよく見えるようなガラリでも、ショートサーキットは少なからず発生する。ダクト吹き出しが望ましいが、前吹出し機種でダクト接続は難しい。ガラリに吹出し側を密着させるのも次善の策であるが、メンテナンス上問題がある。

（その2）2面ガラリの閉鎖空間

①二方向にガラリを設け、給気側、排気側とすればよいように思われるが、実際は、スペースとガラリ面積、室外機設置台数の相関関係によりショートサーキットが発生する。

②ガラリのレイアウトは、室外機の前・後、上・前、上・横などいろいろな組合せが考えられるが、状況に応じて適切にレイアウトするのは難しい。

③また、排気と給気が混ざらないように区画をしなければならないが、いろいろな形の室外機それぞれに適用させるのは難しい。

3 （マタカ） 狭いスペースに、たくさんの室外機を設置、不適切なガラリ配置で高圧カット（冷房停止）頻発

①筆者が相談を受けた事例で、図5-10-5は概念図である。

②実際には室外機の台数はもっと多く、2列に配置されている置場もあった。

③横長配置のため、図右側のガラリからの外気は左側奥の室外機には届かない。

④屋根面の開口は小さく、金網状のものが張られている。図左側奥の排気は循環しているだけでショートサーキットは防止できない。

⑤この場合は現地を見ただけで仮設の水道配管しておくことを提案した。

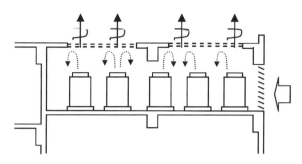

図5-10-5[(4)]　狭いところに多くの室外機を設置

⑥竣工後（5月末）間もなくから、高圧カットトラブル（冷房停止）発生、その年はそのたびに、管理人が手動で室外機に水スプレーを行った。

⑦次年度に水噴霧装置を設置したが、それでも真夏のピーク時には、時々冷房停止となった。

⑧最終的にはテントを横に張って、給気側と排気側を分断し何とかなっているとのことである。メンテナンスは面倒であろうと思われる。

⑨なお、水噴霧装置を万能薬のように考えている建築設計者・設備技術者もおられるが、水道水の中のシリカが室外機のフィンに析出して、長い間には機器の能力低下となる。メンテナンスで対応はできるが望ましい方法とはいえない。水噴霧装置はあくまでもピーク時対応であるから、水噴霧されていない時期はショートサーキットによる無駄運転をしているわけである。

暖房時も当然能力低下や、デフロストによる暖房停止時間が長くなるものと思われる。一般ビルでは暖房負荷は小さいので問題はあまりないが、住宅・マンションやホテル・病院など、暖房要求が高い建物の場合は要注意である。

(3) 屋上設置の場合

ビルマルチ型エアコンの室外機は屋上に設置されることが多い。少数の室外機が広い屋上に設置される場合は問題は少ない。しかし密集配置、目隠しの有無とその形状、ペントハウスとの離隔距離や架台の有無によ

10 隠すことからトラブルが始まる（室外機の省エネ的配置ほか）

第5章

り、ショートサーキットが発生する。

①屋上設置の場合の配慮事項
- 室外機は密集配置とせず、機器の配置間隔をあけて、空気の流れに配慮する。
- 屋上床面の熱の影響に配慮し、できるだけ架台の上に設置することがのぞましい。
- ペントハウスからは、できるだけ離して設置する。
- 原則として室外機は囲わない。室外機より高い目隠しを設置して、冷房停止トラブルとなった事例も多い。
- 囲う場合は、目隠しの間隔は外部から室外機が見える程度に大きくし、下部1m以上は開放する。高さは室外機の高さ以下とする。
- 密集配置の場合は必ず架台の上に配置する。高さは1,200H程度とし、室外機間の床部分は塞がずに、下からの空気の流れを確保する。メンテナンス通路が必要な場合は、目の荒いグレーチングやネット状のものを用いる。
- 室外機上部はルーバなど設けずオープンとする。
  ルーバを設置し、高圧カットが作動した事例がある。
- 計測事例1（囲いなし）から判断すると、排気延長ダクトも必要。
- 横吹出しの場合は、排気が近接室外機に吸込まれないように風向板を取り付ける。

4 屋上設置のビルマルチエアコン室外機が冷房停止

マタカ

①事例（図5-10-6）では、屋上周辺の壁は2,500Hで、開口部ガラリはなかった。また室外機の高さもほぼ同じであった。
②立ち上がり外壁に開口がないため、風の流れが悪く、室外機の排気が

ショートサーキットして吸込み温度が上がり、高圧カットが働いたものである[6]。
③対策としては、排気側に600Hのダクトを取り付けて排気を上方に吹きあげて、ショートサーキットを防止した。
④翌年の猛暑でも高圧カットは作動しなかったとのことであるが、ショートサーキットがどの程度防止されたのか、無駄運転の程度は不明である。このような場合、吸込み側の温度が外気と比べ何℃程度となるかについてはデータが欲しい。

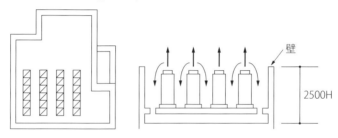

図5-10-6　ショートサーキット発生事例

②屋上設置の場合のトラブルとなりやすい配置例とトラブル防止配置例
①トラブル発生が予想される配置例

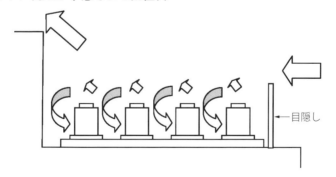

図5-10-7　トラブルが発生する配置

・図5-10-6のトラブル事例と同様である。
・室外機の排気は（**図5-10-7**）のように吸込み側に回り込む。

10 隠すことからトラブルが始まる（室外機の省エネ的配置ほか）

第5章

・室外機台数と、囲い方、目隠しの隙間の状況によるが、トラブル事例は多数ある。もちろん、トラブルにならなくてもショートサーキットの影響は大きい。

② トラブル防止配置例

・はじめにあげた配慮項目を組み込んで配置すると、以下の図 5-10-8 のようになる。

・大型ビルで密集配置の場合は、このような配慮を行っても、後述の調査・計測事例で紹介するように、目隠しがなくてもショートサーキットが発生している。

・ショートサーキットを小さくするためには、ゆとりのある配置、ペントハウスからの離れ、目隠しの有無および開口率、排気側の延長ダクトの有無などをシミュレーションで確認していただきたい。

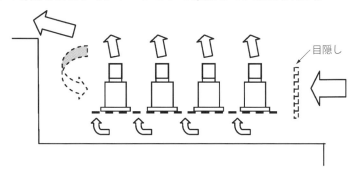

図 5-10-8　トラブル防止配置例

（4）バルコニー設置の場合

バルコニーの場合は開放された部分が大きいので、室外機設置場所としては望ましいと考えられがちである。しかし設置台数やバルコニー広さ、手摺の形状・高さなどによりショートサーキットだけでなく、実際にトラブルが発生している。

5 ベランダに多数の室外機を設置して高圧カット頻発

マサカ　マタカ

① 事務所ビル2階～11階のバルコニーに150台の室外機を設置。
② 図5-10-9のような配置状況下で、某年の7～8月に「高圧カット」発

(左右2階～11階ベランダに150台設置)

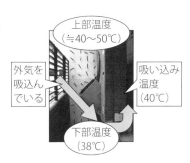

室外機設置状況

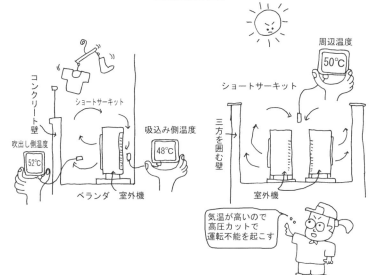

図5-10-9　ベランダの室外機が起こすトラブル

10 隠すことからトラブルが始まる（室外機の省エネ的配置ほか）

第5章

生件数が19台の室外機に100回あり、そのトラブル状況は室外機の下部温度52℃、吸込温度48℃であった[C]。
③室外機の排気が、コンクリート立上り壁と手摺のバーに当たってショートサーキットしたものである。
④対策としてダクトを取り付けて、下部温度38℃、吸込み温度40℃という改善策の効果が見られたということである。
⑤これにより、第6回ビルメンテナンス協会の業務改善事例発表会でビルメンテナンス会社が設備・警備の部《最優秀賞》を受賞した事例である。
⑥しかしトラブルは解消したが、省エネルギー運転になっていないことは認識しておく必要がある。

6　三方壁に囲まれた狭いベランダに2台の室外機が設置され高圧カットで冷房停止

マサカ　マタカ

①室外機前方が柱で塞がれており、ショートサーキットにより、周辺温度50℃以上となって、冷房が停止した（図5-10-10）。この場合の措置も、高圧カット対策であり省エネ対策とはなっていない[B]。

類似事例：三方壁に囲まれたバルコニーでコンクリート手摺壁に設置された室外機がショートサーキットで、冷房停止となった。
　　・室外機を架台に載せ、風向板をつけてショートサーキットを防いだ。

建築計画・設計に伴う設備トラブル事例

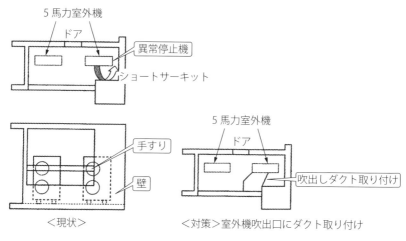

図5-10-10 バルコニー設置のトラブル事例の現状と対策
室外機の吹出し口にダクトを取り付けた

7 ベランダ設置の室外機の排気が手すり壁に当たって高圧カット

マサカ　マタカ

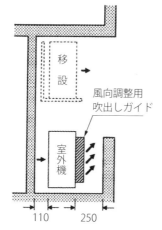

図5-10-11

10 隠すことからトラブルが始まる（室外機の省エネ的配置ほか）

第 5 章

①室外機設置スペースが狭く、ショートサーキットにより高圧カット発生（図5-10-11）[B]。
②「風向調節用吹出しガイド（風向調整板）」を取り付けたが、吹出し側が狭すぎたため、改善効果が出なかった。
③最終的には上部に移設した。
④このような形とならないように当初から建築計画で配慮しておくべきである。

8 バルコニー手すり脇のコーナーに設置して能力不足

マサカ マタカ

①図5-10-12のような配置の場合は、設備技術者でも問題なかろうと判断するところであるが、室外機排気が完全に手すりの所から排出されるのは難しい[D]。
②能力が出なかったのであるから、ショートサーキットの影響は大きかったと思われる。
③対策として架台の上に載せたが、図5-10-13のようにショートサーキット防止板を取り付けたことが効果的である。

(5) バルコニー設置の場合の建築配慮事項
①前方吹出しの場合
①基本的には室外機の前は塞がない。開放された手すりでも排気の障害になる。
②気流解析では、マンションバルコニーなどで室外機の前方が塞がれた場合は、距離に関係なくショートサーキットにより冷房停止となる。
③前が塞がれる場合は、風向板またはダクトにより、吸込み側と排気側の風の流れを分ける。

建築計画・設計に伴う設備トラブル事例

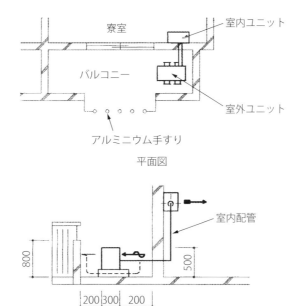

図5-10-12　室外機配置平面図、断面図

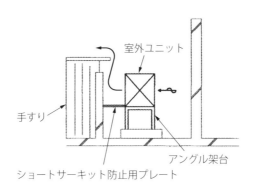

図5-10-13　図5-10-12の改善策

④手すり支持用の立上り壁は、低くても排気の流れを阻害する。各階バルコニーへの密集配置で、冷房機に100回以上高圧カットの事例はこのケースである。

10 隠すことからトラブルが始まる（室外機の省エネ的配置ほか）

第5章

⑤マンションバルコニーにおける室外機の配置の違いによる、ショートサーキットの影響を示したものは図5-10-14のとおりである。

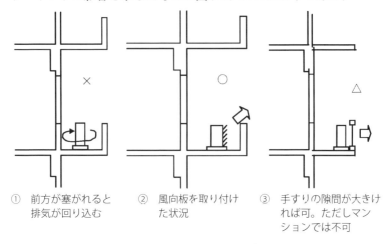

① 前方が塞がれると排気が回り込む
② 風向板を取り付けた状況
③ 手すりの隙間が大きければ可。ただしマンションでは不可

図5-10-14　バルコニー配置事例

②上吹き出しの場合

①上階バルコニーに、排気が当たってショートサーキットしやすいほか、上階の室外機に、排気が吸い込まれてトラブルとなる（図5-10-15）。もちろん、目隠ししてはいけない。

②室外機排気側にダクトを取り付けて前吹き出しとすることでショートサーキットを小さくできる（図5-10-16）。最近はこの事例が多い。ただし、隣のビルが近くにある場合は、風向きによってはショートサーキットに影響がある。また、隣のビルに影響がないように配慮する。

③ダクト接続横吹出し方式は目隠し可能であるが、目隠しの場合は密閉空間となるので開口率を大きくし、気流解析を行う必要がある。

④D社では、目隠しする場合の望ましい形としてカタログに掲載されている。前記図5-10-4と同様の対策案である。

⑤ただし、某大型ビルの1面開口事例では、密集配置のため気流解析結果は、40℃以上を示す赤い表示であったが、判定結果は○であった。

建築計画・設計に伴う設備トラブル事例

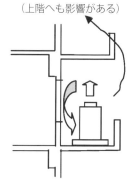

図5-10-15 上吹出しの場合吸込み側に排気が回り入む

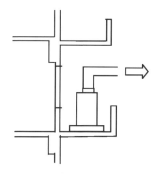

図5-10-16 上吹出しの対策例。ダクトの取り付けでショートサーキットを解消

図5-10-17 室外機置場：各階2カ所Ⓐ

・**図5-10-17**は、文献Ⓐでの調査事例であるが、余裕のある置場を各階2カ所に配置、2面開口、グレーチングの床などにより、ショートサーキットの影響は小さく外気温＋1～2℃程度であった。ガラリの隙間は大きい。

⑥大規模建物、密集配置の場合はダクト吹出しでもショートサーキットは大きくなる。開口部は1面だけでなく、2、3面として風の流れに配慮する。

⑦図5-10-17のような配置でも、ガラリ開口率が小さくトラブルとなり、ルーバを撤去した事例もある。

(6) その他の配置事例

具体的なトラブル事例は報告されていないので、配置に当たっての配慮事項のみを述べる。

①屋根を欠け込んだような置場の場合：
・開放感があって勘違いしやすいが、屋上設置で四周を囲ったものと同じ形である。したがって、屋根面を流れる風に巻き込まれてショートサーキットしやすい。
・対策として排気はダクト接続し、屋根面より上げる（図5-10-18）。

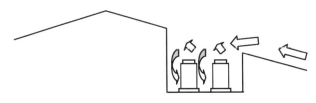

図5-10-18　屋根面設置事例

②地上設置の場合：
・目隠し用の植木や塀・生垣が風の流れを阻害する。
・大きな建物の外壁に沿って設置されている場合は、コアンダ現象によって、排気が壁に沿って流れる場合がある。上吹出しの場合は外壁からの距離を離し、ダクトで斜め前方に吹出すことが望ましい。
・狭いドライエリアや、井戸底状のところに配置された場合は、地上設置とするか架台で上に上げる。上吹きの場合はダクト接続する。

10-3 調査・計測事例

室外機配置とショートサーキットに関する調査事例は少なく、シミュレーション事例もほとんど発表されていない。紹介事例は、東京都設備設計事務所協会で計測した事例の報告書[A]から取り上げた。ここでは7つのビルにおいて、メモリ付温度計により5分間隔1週間連続で、室外

機の吸込み温度および外気温度を計測した。1例を除き、隠されていなくてもショートサーキットの影響は大きかった（図5-10-19〜5-10-20）。

調査対象ビルは12階建て、延べ面積約30,000m²のオフィスビルである。2003年にセントラル方式を個別方式に改修している。

調査対象ビルは周辺に高い建物もなく、ペントハウスより離れて設置されており、風通し的には問題ないように見えるが、密集度は高い。室外機は囲われておらず、架台の高さは1,200Hである。このような配置

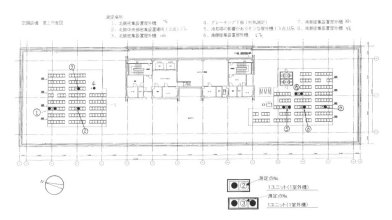

図5-10-19　計測事例の屋上平面図
（出典：「ビルマルチ型空気熱源ヒートポンプユニット室外機の省エネルギー的配置に関する調査」（社）東京都設備設計協会　環境・技術委員会　環境技術小委員会」平成17年度活動報告書）

図5-10-20　計測事例の屋上機器
（出典：「ビルマルチ型空気熱源ヒートポンプユニット室外機の省エネルギー的配置に関する調査」（社）東京都設備設計協会　環境・技術委員会　環境技術小委員会」平成17年度活動報告書）

10 隠すことからトラブルが始まる（室外機の省エネ的配置ほか）

第5章

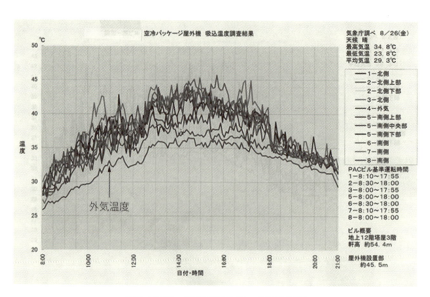

図5-10-21　計測事例のデータ調査結果
（出典：「ビルマルチ型空気熱源ヒートポンプユニット室外機の省エネルギー的配置に関する調査」（社）東京都設備設計協会　環境・技術委員会　環境技術小委員会」平成17年度活動報告書）。グラフの最下線が外気温度。その他の線は室外機吸込み温度。

はよく見られる形であり、筆者も測定結果が出るまでは、囲われてもいないのにショートサーキットの影響がこんなにあるとは思ってもみなかった。密集配置の影響といえる。

図5-10-21は、計測事例における室外機吸い込み温度の調査結果である。グラフの最も下の線が外気温度でその他の線は室外機吸い込み温度である。これを見ると、ショートサーキットの影響で室外機吸い込み温度が外気温度よりも高くなっている。吸込み温度の平均を外気＋6〜7℃とすると、電力消費量が20％近くも増えていることになる。目隠しをしたら高圧カットの可能性もある。

密集配置によるショートサーキットの影響の大きさを認識してほしい。

対策としては、室外機の配置をもっとゆとりあるものとし、吹出し口の上部に延長ダクトを設置することによりSCの影響を若干小さくすることができる。

10-4 シミュレーション事例

　気流解析、シミュレーションの問題点について指摘したが、タワーマンション設置の室外機について、メーカのセミナーで発表されたものがあるのでここに紹介する。気流解析が必要であるということは、典型的なトレードオフ現象が発生しているということであるから、建築設計者は設備設計者・メーカ任せにせずに自ら状況把握をすることが必要である。

　なお、気流解析は、外気温度35℃で100％連続運転した場合に、何℃になるかということで行っているので、○印ならば高圧カットによる冷房停止にならないという判断である。しかし冷房停止にはならなくても、ショートサーキットにより吸込み温度が上がるということは省エネ運転ではないというのが筆者の見解である。また、トラブル事例の場合は、外気温度状況にもよるが、短時間で高圧カットになったのであるから絶対やってはいけない配置事例といえる。

(1) マンションにおける室外機設置の問題点

　トラブル事例で紹介したように、エアコン室外機の設置環境に問題が多いのはマンションである。特に最近のタワー・マンションと称せられる高層マンションは、外側の表面が平らで、一般ビルのような外観となっており、室外機の設置には問題が多い。

　これらのマンションの特徴をあげると、

① 外観重視により、バルコニー形状は室外機が見えなくなるように配置されたものが多い。
② 建設地が都内の場合は、建設コストの関係でバルコニー面積を小さくする傾向にある。
③ バルコニーが建物の外壁から内側にえぐられるように設置されるため（ベイバルコニー）、外への開口部が1面しかない。
④ 構造のフレーム（大梁）が外に現れている外観のものが多い。この場合は、フレームの大きさにもよるが、バルコニーの開口面積が非常に

10 隠すことからトラブルが始まる（室外機の省エネ的配置ほか）

第5章

小さくなる。

これらのマンションにおける、エアコン室外機設置上の問題点は、いうまでもなくショートサーキットである。従来のマンションでも、バルコニーの形状・広さ・手摺りの開口率によってはショートサーキットの問題はあったが、最近のタワーマンションの場合は、下記のような条件によりショートサーキットが発生しやすい。

・開口面積が小さい場合は、両サイドが壁であるためバルコニーに外気が入りにくく、室外機排気も抜けにくい。
・バルコニー面積が大きい場合でも、複数の室外機やエコキュートなどが設置されるので排気の流れは複雑となる。

従来のマンションのバルコニーは構造主体から外に出ていて広く、戸境の隔壁はあっても上部が空いていたため、ある程度の風の流れはあったものと考えられる。正面にしか開口のない狭いバルコニーに設置された場合は、ショートサーキットを防止しても無駄運転は防げない。

(2) 気流解析の紹介

D社の技術フォーラムでは、「ミニマムバルコニーにおける室外機設置事例のご紹介」として、狭小バルコニーの気流解析を行っている（図5-10-22〜5-10-25）。

①バルコニー形状、設置機器、外気温度条件

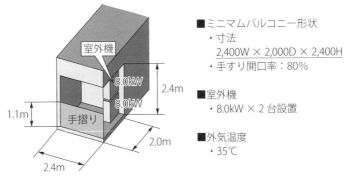

図5-10-22　バルコニー形状、設置機器、外気温度条件

②室外機設置パターン

＜パターン例＞

Aパターン	上段：横吹 下段：上吹	 2段積 手すり	Cパターン	右：前吹 左：前吹	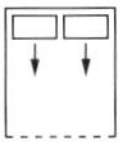 手すり
Bパターン	右：横吹 左：横吹	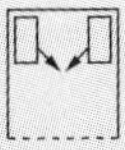 手すり	Dパターン	右：横吹 左：上吹	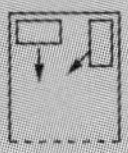 手すり

設置モデル（室外機：8.0kW×2台）　　バルコニー広さ　2.4W×2.0D×2.4H

図5-10-23　室外機設置パターン

③手すりの開口率の違いによる気流分析結果

設置パターン		手すり開口率		
		0%	60%	80%
Aパターン	 2段積 手すり	上段：47℃ 下段：41℃ ×	上段：44℃ 下段：37℃ ×	上段：43℃ 下段：37℃ ○
Bパターン	 手すり	右：55℃ 左：46℃ ×	右：44℃ 左：39℃ ×	右：43℃ 左：39℃ ○

設置パターン		手すり開口率		
		0%	60%	80%
Cパターン	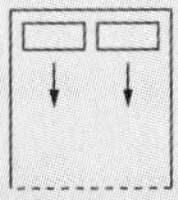 手すり	右：59℃ 左：66℃ ×	右：39℃ 左：44℃ ×	右：38℃ 左：42℃ ○
Dパターン	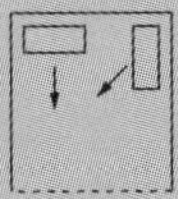 手すり	右：45℃ 左：49℃ ×	右：43℃ 左：45℃ ×	右：42℃ 左：45℃ ○

図5-10-24　手すりの開口率の違いによる気流分析結果

10 隠すことからトラブルが始まる（室外機の省エネ的配置ほか）

第5章

④開口部幅の違いによる気流解析結果

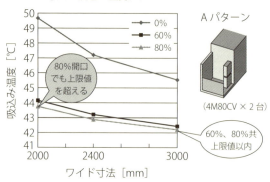

図5-10-25　開口部幅の違いによる気流解析結果

⑤考　察

・このような条件の悪いシミュレーションを行うこと自体が、室外機設置環境が厳しくなっていることを示している。従来ならこの大きさは、小型室外機1台のスペースである。

・設置パターンの優劣は、A・C・B（Dは不可）の順であるが、高圧カットが辛うじて作動しないという温度レベルであり、大きな差はない。2段重ねAパターンの配置例は、街中でもよく見かける。

・「気流解析、シミュレーションの誤解を招く判定結果」で述べたように、シミュレーション結果が○であっても、省エネルギー的に望ましい配置というわけではない。この事例では、○のパターンであっても、2台の平均吸込み温度は、40℃であって、外気温度＋5℃である。これは、室外機圧縮機動力の約15％の無駄運転となる。

・メーカとしては、設置箇所に関しあまり頑張ると「他社にするぞ」と言われるので、高圧カットが作動しないレベルで妥協せざるを得ない。

・このような情報はマンション購入者にどの程度伝わっているのであろうか。デベロッパの利益追求、建築設計者の我儘、設備設計者の認識不足の結果の付けを払わされるのは購入者である。また、メー

カの対応の手間もバカにならない。
・室外機を天井吊とすれば、無駄運転は解消されるが、事業者・建築設計者はもちろんOKしない。

（出典：ダイキン技術フォーラム「ミニマムバルコニーにおける室外機設置事例の紹介」（年代不詳））

10-5 大型ビルのエアコン室外機の配置について

　大型ビルの基準階での室外機配置のパターンについて簡単に考察する。いずれも排気の吹き出し方向は建物と反対側に吹き出し、室外機置き場の目隠しルーバは、割り切って内部が見えるような隙間の多いものであることがのぞましい。

　①基準階平面内に配置を収める場合：図5-10-26のように一面ガラリとなるので、ガラリの開放の程度によっては密集配置の場合のショートサーキットの可能性は大きい。

　②①の置場を外部に張り出した場合：3面ガラリとなるので①よりは良い配置といえよう。

　③基準階平面のコーナーに設置する場合：平面形、風向きによっては、排気が回り込む可能性がないわけではない。吸込み側と反対側にダクト接続で吹出せば効果的である。

　④建物の角部に張り出して室外機の置場を設ける場合：最近はこの事例が多いように見える。3方向ガラリであり、建物端部から吹き出すので、

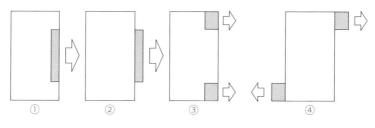

図5-10-26

10 隠すことからトラブルが始まる（室外機の省エネ的配置ほか）

第5章

風向きによるショートサーキットの影響はもっとも少ないように見える。給気口面積、排気口面積が確保でき、気流解析上もショートサーキットの影響が小さい場合は、この部分を造形的にデザインできる。

上記はいずれも筆者による一般的な考察であるから、実施に当たっては気流解析を行ってより省エネ的配置を検討していただきたい。

10-6 冷却などの隠蔽

冷却塔はペントハウスの屋上に設置されることが多く、以前は広告塔などで囲われるとショートサーキットや、煙突の煙を吸い込んで配管に孔が開いた！というトラブルがあった（『マサカ』の話参照）。最近の屋上外壁は、基準階の外壁をそのままペントハウスレベルまで立ち上げるような形の建物が多く、囲われてもスペースに余裕があるのでエアコン室外機と比べトラブルは少ないと思われる。また、冷却塔メーカのカタログにも、目隠しはできるだけ冷却塔の高さまでという要望があり、目隠しが高い場合は目隠しレベルまで冷却塔排気ダクト延長するように図で示されている。エアコンメーカよりは技術的主張が強いのであろう。

ただし、電算機ビルや情報センタなど冷房負荷の非常に大きい建物では、冷却塔密集配置でショートサーキットを起こしている建物も見かけている。なお最近の煙突はガス焚きが多いこともあって、屋上単独突出型が多い。室外機へ吸い込まれないような配慮が必要である。

〔10項関係参考文献〕

本項はトラブル事例が限定されているので、この項のみの参考文献をあげる。

Ⓐ.「ビルマルチ型空気熱源ヒートポンプユニット室外機の省エネルギー的配置に関する調査」（社）東京都設備設計協会　環境・技術委員会　環境技術小委員会」平成17年度活動報告書

Ⓑ.「冷凍空調サービス事例集」（社）東京都冷凍空調設備協会

Ⓒ.「ビルメンテナンス」2004年3月号　全国ビルメンテナンス協会

Ⓓ. 平成18年度中堅技術者のための研修会テキスト
「8. 施工監理とトラブル事例」（社）空気調和・衛生工学会近畿支部

出典および参考文献

文献番号　文献の名称

① 「東京都排水設備要項」:東京都下水道局(平成18年3月)
② 「空気調和衛生工学便覧」第12版:空気調和・衛生工学会編
③ 「業務用ガス機器の設置基準及び実務指針」:(財)日本ガス機器検査協会
④ 「平成7年建築設備士更新講習テキスト」(財)建築技術教育普及センター
　　(第10章の関連文献については238ページ参照)
⑤ 「改訂2版 空気調和設備計画設計の実務の知識」空気調和・衛生工学会編、オーム社

◆トラブル事例の紹介に当たっては下記の文献を参考にした。トラブル事例説明の後に番号で出典を示した。興味のある方は参考にしていただきたい。

① 「建築設備のトラブルに学ぶ」空気調和・衛生工学会ホームページ
② 「給排水設備　トラブル事例・対策集」日本建築設備士協会編、日本建築設備士協会、
③ 「衛生設備のトラブル50─建築に携わる人へのヒント」建築設備トラブル研究会編、学芸出版社
④ 「空調設備のトラブル50─建築に携わる人へのヒント」建築設備トラブル研究会編、学芸出版社
⑤ 「失敗から学ぶ設備工事」菱和温調工業、森北出版
⑥ 「建築設備トラブルシューティング」建築設備技術者協会編、オーム社
⑦ 「マンション設備のトラブルと対策」給排水設備研究会編、オーム社
⑧ 「設備工事の失敗例と対策」飯野香編著、鹿島出版会
⑨ 「建築/設備トラブル『マサカ』の話」山本廣資著、建築技術社
⑩ 「マンション設備『マサカ』の話〜トラブル相談と回答」山本廣資著、オーム社
⑪ 「建築技術者に知ってもらいたい建築設備計画の勘所」建築技術2009年8月
⑫ 「建築技術者に知ってもらいたい建築設備計画配慮事項」建築技術2010年9月

◆その他の設備トラブル本

① 「給排水設備　新トラブル事例・対策集」日本建築設備士協会編、日本工業出版
② 「設備工事の盲点95─失敗の原因と対策─」菱和温調工業編、森北出版
③ 「水にまつわるトラブルの事例・解決(設備編)」「設備漏水」編集委員会編、学芸出版社
④ 「建物の結露─トラブル事例と解決法」「建物の結露」編集委員会編、学芸出版社
⑤ 「建築と音のトラブル」田野正典、中川清、縄岡義人、平松友孝著、学芸出版社
⑥ 「これだけは知っておきたい住宅設備のトラブルと対策」針ヶ谷純吉・木村匡男・中橋保雄著、鹿島出版会
⑦ 「集合住宅の設備─クレームの実際とその対策─」岡多摩雄著、泰流社

◎著者紹介◎

山本　廣資（やまもと　ひろし）

1963年　早稲田大学第一理工学部建築学科卒業。同年、高砂熱学工業
　　　　（株）入社。空調設備の設計施工業務に従事。
1971年　東急不動産（株）入社、設計監理部勤務。
1973年　（株）東急設計コンサルタント出向。建築の空調衛生設備の計
　　　　画・設計・工事監理業務に従事。2000年同社定年退職。
2003年〜2005年（財）省エネルギーセンターにて、建物・施設の省エ
　　　　ネチューニング技術・手法の開発・調査・広報業務に従事。
現在、（有）環境設備コンサルタント代表として建築設備計画・設計、
セミナー講師、トラブル相談、省エネルギー診断、執筆などに従事。
技術士（衛生工学部門）、一級建築士、設備設計一級建築士

◆主な著書、執筆
・「建築/設備トラブル『マサカ』の話」建築技術（2013年）。
・「マンション設備『マサカ』の詰〜設備トラブル相談のQ＆A」オー
　ム社（2008年）。
・雑誌「設備と管理」（オーム社）に、『マサカの話』連載中。

建築計画・設計に潜む
"マサカ・マタカ"の設備トラブル　　　　　　　　　　NDC528

2015年8月25日　初版1刷発行　　　　（定価はカバーに表示してあります）

Ⓒ　著　者　山本　廣資
　　イラスト　瀬谷　昌男
　　発行者　井水　治博
　　発行所　日刊工業新聞社
　　　　　　〒103-8548　東京都中央区日本橋小網町14-1
　　電　話　書籍編集部　03（5644）7490
　　　　　　販売・管理部　03（5644）7410
　　FAX　03（5644）7400
　　振替口座　00190-2-186076
　　URL　http://pub.nikkan.co.jp/
　　e-mail　info@media.nikkan.co.jp
　　企画・編集　エム編集事務所
　　印刷・製本　新日本印刷（株）

落丁・乱丁本はお取り替えいたします。
2015 Printed in Japan
ISBN 978-4-526-07451-6　C3052

本書の無断複写は、著作権法上の例外を除き、禁じられています。